Marta Durán de Huerta

YO MARCOS

Gespräche über die zapatistische Bewegung

Aus dem Spanischen übersetzt von

Horst Rosenberger und Andreas Löhrer

Edition Nautilus

Editorische Notiz Marta Durán de Huerta, geboren 1962 in Mexiko-Stadt. Dort Soziologie-Studium. Arbeitet als Journalistin, Fotografin, Dozentin und politische Aktivistin in Mexiko. Gehört seit 1994 zu dem Unterstützungsnetzwerk für die Zapatisten.

Die Originalausgabe von *Yo, Marcos* erschien 1994 in den Ediciones del Milenio, Mexiko-Stadt und wurde in mehrere Sprachen übersetzt. Auf deutsch wurde der Text erstveröffentlicht in der Zeitschrift *Die Aktion* Nr. 129/132, Hamburg 1995, unter dem Titel „Viva Zapata".

Der Text wurde aus dem Spanischen übersetzt von Horst Rosenberger, die Übersetzung des Nachworts besorgte Andreas Löhrer.

Die mit einem * versehenen Begriffe werden im Glossar am Ende des Buches erläutert. Redaktionelle Bearbeitung: Günter Meyer. Lektorat: Hanna Mittelstädt.

Weitere Veröffentlichungen von Marta Durán de Huerta: *Acteal – Navidad en el Infierno,* Mexiko-Stadt 1998 (dt. *Acteal, Chiapas. Weihnachten in der Hölle,* Bremen 1999) und *El tejido del pasamontañas,* Mexiko-Stadt 1999.

Bei Nautilus sind außerdem zum Thema erschienen: Subcomandante Insurgente Marcos, *Botschaften aus dem Lakandonischen Urwald. Über den Zapatistischen Aufstand in Mexiko,* 1996 sowie *Der Wind der Veränderung. Die Zapatisten und die soziale Bewegung in den Metropolen. Kommentare und Dokumente,* 1997.

Umschlaggestaltung: Maja Bechert

Edition Nautilus Verlag Lutz Schulenburg
Alte Holstenstraße 22 · D-21031 Hamburg

1. Auflage 2001 · Printed in Germany
www.edition-nautilus.de

1 2 3 4 5 · 05 04 03 02 01

ISBN: 3-89401-380-X

Vorwort

Mitte Januar 1994, kurz nachdem die Feuerpause zwischen der Zapatistischen Armee der Nationalen Befreiung (Ejército Zapatista de Liberación Nacional, EZLN) und der mexikanischen Armee beschlossen worden war, machten wir, eine Handvoll Studenten (mehrheitlich aus der UNAM[1]), uns auf nach Chiapas. Wir waren mit humanitären Hilfsgütern für die durch den bewaffneten Konflikt Geschädigten ausgestattet und durchbrachen damit erstmals den militärischen Belagerungsring. Als posthume Ehrung eines mexikanischen Soziologen, der ein großer Freund und Verteidiger der Interessen der Indianer war, hieß unsere Karawane *Ricardo Pozas*. Neben der Überbringung von Lebensmitteln und Medikamenten dokumentierten wir die Aussagen der am stärksten vom Krieg betroffenen Menschen und veröffentlichten die Worte derjenigen, die seit Jahrtausenden nicht zu Wort gekommen sind: der Indios*.

Dieses Buch ist ein Versuch, das Denken der indianischen Zapatisten publik zu machen. Ursprünglich wollte

1 Universidad Nacional Autónoma de México, Staatliche Universität von Mexiko-Stadt

ich einen Text verfassen, in dem die Indios uns in ihren eigenen Worten ihre Version des Aufstands, seine Ursachen und ihre Hoffnungen darlegen. Zeitprobleme sowie Sprachbarrieren verhinderten, daß ich so viele Interviews machen konnte, wie notwendig gewesen wären, weshalb ich dieses Vorhaben auf eine nicht sehr ferne Zukunft verschoben habe. Allerdings hatten wir bei den letzten drei Fahrten der Universitätskarawane *Ricardo Pozas* nach Chiapas das Glück, mit der EZLN, ihren Unterstützungsbasen, der Truppe, dem Geheimen Revolutionären Indigenen Komitee* und Subcomandante Marcos zusammenleben zu können. Der *Sub* erzählte uns viele Dinge: über das Leben im Urwald und in den Bergen, über die Gewohnheiten der Indios und was er von ihnen gelernt hat, über die Bedeutung und die Anfänge des zapatistischen Kampfes und unzählige Anekdoten, die uns den Hals zuschnürten oder uns laut zum Lachen brachten. Während ich ihm zuhörte, wurde mir bewußt, daß er ein Fenster war, das uns einen Ausblick auf diejenigen gewähren konnte, die sich hinter den Halstüchern und *pasamontañas** verbargen.

Ich möchte keinen Personenkult um Marcos aufbauen, so als ob er der Anstifter oder das Zentrum des zapatistischen Kampfes wäre, noch ihn als einen „Tarzan des lakandonischen Urwalds, der die Indianer anführt" darstellen. Die Worte des Sub sind die Worte der indianischen Gemeinschaft: Er ist ihr Dolmetscher, ihr Übersetzer, die Brücke zwischen zwei Kulturen, oder besser gesagt, zwischen zwei Welten: der der Indianer und unserer. Der Sub ist der eigentliche Autor dieses Buches. Aus seinem Mund ist die Stimme der Cholen, Tzotzilen, Tojolabalen, Mamen, Tzeltalen, Motozintleken, Chujen, Jacalteken, Zoquen und Lacandonen zu hören.

Neben der Transkription unserer Gespräche mit der

„*pasamontañas* mit hervorstehender Nase" habe ich Auszüge aus Briefen, Kommuniqués und Interviews aufgenommen, die in der Presse oder im Radio veröffentlicht worden sind.

Mein besonderer Dank gilt David Vázquez, José Luis Vázquez, Joaquín Fuentes und Fernando Chamiso, den Mitarbeitern des Radioprogramms von Radio UNAM *Chiapas, laufendes Verfahren*, für ihre Genehmigung, einige Fragmente des Interviews zu übernehmen, das sie im März 1994 mit Subcomandante Marcos geführt haben.

Marta Durán de Huerta, Mexiko-Stadt, 1. Oktober 1994

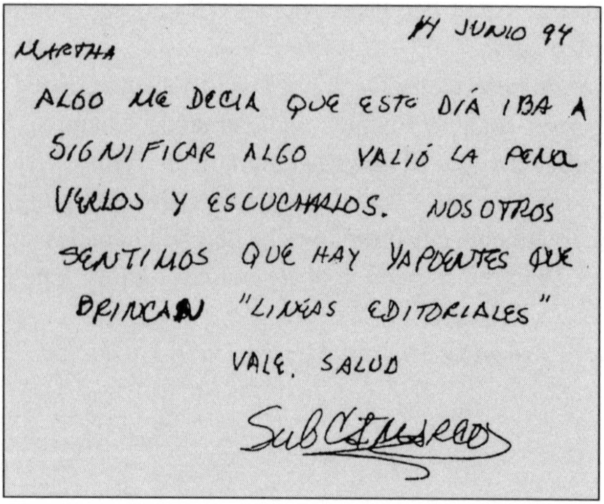

14 JUNIO 94

MARTHA

ALGO ME DECIA QUE ESTE DÍA IBA A SIGNIFICAR ALGO VALIÓ LA PENA VERLOS Y ESCUCHARLOS. NOSOTROS SENTIMOS QUE HAY YA PUENTES QUE BRINCAN "LINEAS EDITORIALES"

VALE. SALUD

SubCIMarcos

Ein Schreiben von Marcos an die Autorin nach einem Treffen, das unter sehr schwierigen Bedingungen stattfand

14. Juni 1994

Martha

Irgendetwas sagte mir, daß dieser Tag etwas zu bedeuten habe. Es hat sich gelohnt, Euch zu sehen und Euch zuzuhören. Wir spüren, daß es schon Brücken gibt, die die politischen Linien einer Zeitung überwinden.

Das war's. Grüße

SubCIMarcos*

*d.h. Subcomandante Insurgente Marcos

Lebenslauf

Ich bin ein Mexikaner wie jeder andere auch

Der Bundesstaat, in dem ich geboren wurde, befindet sich zwischen dem Rio Bravo im Norden und dem Rio Suchiate im Süden, zwischen dem Atlantischen Ozean im Osten und dem Pazifischen Ozean im Westen.

Ich habe an einer Universität dieses Landes studiert, nicht in Oxford, im Ausland, wie das heute sehr in Mode ist. Ich studierte an einer mexikanischen Universität, ich schloß mein Studium ab, was schon viel heißt, ich legte mein Staatsexamen ab, belegte Doktorandenkurse (ich weiß nicht, wie man sie heute nennt, doch als ich jung war, hießen sie Doktorandenkurse) und war eine Zeitlang glücklich, bis ich mich eines Tages betrank, den falschen Bus nahm und im lakandonischen Urwald herausfiel. Als ich es mitbekam, war es zu spät, und ich konnte nicht mehr raus, das war vor elf Jahren. Und hier bin ich.

Mehr kann ich nicht erzählen, aber wir können ja die Generalstaatsanwaltschaft fragen, vielleicht hat sie schon mehr Daten beschafft. Ich bin ein Mexikaner wie jeder andere auch, vielleicht habe ich ein bißchen was von einem Clown, zuviel für den Geschmack einiger Leute, und bin ziemlich flegelhaft. Seit dem 31. Dezember [1993] habe ich mich nicht geduscht, daher rate ich euch, mir nicht zu nahe zu kommen, ich trage dieselbe Kleidung wie am 31. Dezember, auch sie dürfte nicht sonderlich gut riechen.

Warum ich mich entschieden habe, hier zu bleiben? Gute Frage. Was zum Teufel mache ich hier eigentlich? Ich weiß es nicht, ich habe keine Antwort darauf. Du kannst hier keine zehn Jahre bleiben und dich nicht verändern. Wenn du schon nach einem Tag hier spürst, daß irgend etwas mit dir geschieht, dann stell dir vor, wie es ist, wenn du jeden Tag die gleiche Armut und die gleichen Wünsche nach Veränderung, den Wunsch, anders zu sein und besser zu leben, siehst. Das geht nicht spurlos an dir vorüber, außer du bist ein Zyniker oder ein Schweinehund.

In der Stadt habe ich eine U-Bahnkarte zurückgelassen, einen Haufen Bücher, einen kaputten Bleistift, ein Heft mit Gedichten – wer weiß, wer es an sich genommen hat – und damit hat es sich. Ich kann mich nicht erinnern, etwas anderes zurückgelassen zu haben. Nein, Schallplatten nicht, an Schallplatten erinnere ich mich nicht, Kassetten auch nicht, die habe ich mit der Hoffnung eingepackt, daß es ein Tonbandgerät geben würde, um sie zu hören. Aber nein, nichts dergleichen.

Ich habe auch ziemlich viele Freunde zurückgelassen, glaube ich zumindest. Viele sind geblieben. Ob ich Tote zurückgelassen habe? Auch. Die, die notwendig waren … Nur die, die notwendig waren; manchmal ist nur einer notwendig, manchmal mehrere, weshalb das so stehenbleiben soll: die notwendigen Toten. Um zu verstehen, daß man weggehen muß, um anders zurückzukommen: ohne Gesicht, ohne Namen, ohne Vergangenheit, aber zurück wegen dieser Toten.

Ob ich mich Marcos nenne wegen des Evangelisten Markus? Gott bewahre, nein. Bei meiner Erstkommunion war ich das letzte Mal in einem Gottesdienst. Ich war acht Jahre alt. Ich wollte niemals Geistlicher, Papst oder päpstlicher Nuntius werden. Ich bin weder Religionslehrer, Pfarrer oder sonst irgendwas …

Das Gesicht hinter der pasamontañas

Wenn ihr wissen wollt, was für ein Gesicht sich hinter der *pasamontañas* verbirgt, das ist ganz einfach: nehmt einen Spiegel und schaut hinein.

Was erschreckt euch dabei, wo dieses Land doch ein Land der Geheimniskrämerei und der Maskeraden ist!

Als jemand mich fragte, warum einige *pasamontañas* und andere Halstücher benutzen, antwortete ich, weil die, die *pasamontañas* tragen, es geschafft haben, sich *pasamontañas* zu besorgen.

Ich glaube, daß die *pasamontañas* eine gute ideologische Wirkung haben und unserer Vorstellung von einer Revolution entsprechen, die nicht individualisiert ist oder einen Caudillo braucht, sondern eine Revolution sein soll, die über genügend moralische Kraft verfügt, um sich unter allen Leuten auszubreiten und die zu vielen zapatistischen Armeen und vielen Marcos' und vielen geheimen Komitees an vielen Orten und an vielen nichtmilitärischen Fronten führt.

Es gibt viele Leute, die mir schreiben und mich davor warnen, die *pasamontañas* abzunehmen, „denn sie werden Dich umbringen, Dir wird etwas passieren, und wer soll dann die Kommuniqués schreiben!"

Jetzt ist die *pasamontañas* so bekannt, als wäre sie mein Gesicht. Kurzum, die Regierung versucht dadurch, daß Marcos sein Gesicht verbirgt, einen politischen Schlag zu landen. Für die Regierung verbirgt Marcos sein Gesicht nicht deshalb, weil er bescheiden und ehrlich ist oder weil er wirklich kein Caudillo sein will, er versteckt es, weil er etwas aus seiner Vergangenheit verbergen will, etwas, womit man ihn um sein Ansehen bringen könnte: „Wenn wir sein Gesicht kennen, können wir diesen verborgenen Teil seiner Vergangenheit herausfinden, was wir dann werbewirksam ausbeuten und der Öffentlichkeit präsentieren. Dann wird der Mythos Marcos in sich zusammenbrechen."

Schließlich erscheint oder verschwindet Marcos oder Marcos' *pasamontañas* auch aus den Medien. Marcos, oder wer auch immer der Marcos in den Bergen ist, hat Zwillinge oder Verbündete, was sein Weltbild angeht und die Notwendigkeit, die Welt zu ändern oder anders zu sehen: in den Zeitungen, dem Radio, dem Fernsehen, den Zeitschriften, aber auch in den Gewerkschaften, Schulen, bei den Lehrern, Studenten, den Arbeitergruppen, den Bauernorganisationen. Es gibt viele Verbündete, viele Leute, die auf seiner Wellenlänge liegen, aber niemand hat das Radio angemacht, und auch Marcos stellt es nicht an: die Compañeros, die EZLN, das heißt, die Indianer stellen es an.

Wie sieht also das Gesicht von Marcos aus? Wenn er einen Bart hat, werden die Bartträger sagen, daß sie ihm ähnlich sehen, und was ist mit denen ohne Bart? Wenn er eine bestimmte Augenfarbe hat, dann werden die mit derselben Augenfarbe wie Marcos sein; oder wenn er hübsch ist, blond, schwarzhaarig, glatzköpfig oder was auch immer … Die *pasamontañas* ist eine pasamontañas und jeder Mexikaner kann sich eine *pasamontañas* überziehen und Marcos werden, kann so werden wie ich: sich einer gerechten und legitimen Bewegung anschließen und für seine Rechte kämpfen, ich meine nicht mit der Waffe, es kann mit einem Mikrofon sein, einem Stift, einem Stück Papier, einer Kamera.

Meine Vermarktung ist zum Lachen

Meine Vermarktung amüsiert mich, sie bringt mich zum Lachen. Einige Dinge stören meine Compañeros, mir ist es gleichgültig, vollkommen egal, ich ziehe keinen Gewinn daraus, nicht einmal ein Copyright für mein Bild, noch habe ich dadurch irgendwelche Nebeneinnahmen oder ähnliches.

Ich möchte nicht, daß man Fotos von mir macht, aber im Inneren der EZLN gibt es deswegen keine Probleme, denn dort trägt Marcos keine *pasamontañas*, alle kennen mich, sie amüsieren sich über mich und machen sich darüber lustig, daß ich mir die *pasamontañas* überziehen muß. Im Inneren der EZLN gibt es keinen Zweifel über die Position von Marcos. Die Medien könnten das genaue Gegenteil von dem präsentieren, was Marcos ist, auf die unbeirrbaren Compañeros hätte das überhaupt keine Wirkung, denn sie sind schon seit langer Zeit zusammen, und sie kennen den wirklichen Marcos und nicht den mit der *pasamontañas*, den die Medien präsentieren. Ob es dadurch zu Eifersüchteleien, Rivalitäten kommt, nein. Sie machen sich eher über mich lustig. Sie haben recht, warum zum Teufel habe ich mich auch in diese Probleme eingemischt ...

Manchmal kriege ich mit, Marcos hier und Marcos dort, daß ihm doch das Scheinwerferlicht und das ganze Drumherum angeblich gefällt. Ich finde das nicht gerecht, denn die Scheinwerfer, die wir seit dem ersten Januar über uns hatten, waren die der Hubschrauber, die uns gesucht haben, die Fragen, mit denen sie uns bestürmten, waren aus Blei, die Interviews machten sie mit Streubomben, Bomben, Granaten und Mörsern.

Sie sind die Chefs, ich gehorche nur

Ich bin wie jeder andere Compañero hier. Vielleicht hat man diese Bewegung zu sehr auf mein Bild aufgebaut, denn ich bin der, der Spanisch spricht, aber meine Arbeit ist nicht die eines Führers. Wenn es also heißt: „Marcos ist der Chef“, stimmt das einfach nicht, die Chefs sind sie. Ich habe eine gewisse Befehlsgewalt in eher militärischen Fragen. Sie haben mir gesagt, daß ich reden soll, weil ich Spanisch spreche. Durch mich sprechen die Compañeros.

Die Leitung haben sie. Sie bestimmen meine Grenzen: „Das kannst du sagen und das kannst du nicht sagen, hier kannst du Farbe bekennen und hier nicht.“ Sie sind meine Chefs und ich muß ihnen gehorchen, sie stecken meine Grenzen ab. Ich habe nichts Außergewöhnliches an mir, was nicht auch die anderen hätten, wir haben alle dasselbe Bedürfnis nach einem gerechten, nach einem anderen Land.

Die Bücher, die ich mit in den Urwald genommen habe …

Von den zwölf Büchern, die ich in den Urwald mitgenommen habe, ist eins der *Canto General* von Pablo Neruda, ein anderes eine Gedichtsammlung von Miguel Hernández, Gedichte von León Felipe, die *Geschichten der Cronopien und Famen* von Cortazar, die *Me-*

moiren des Francisco Villa[1], der *Don Quijote …*

Das hatte ich nicht geplant, ich habe nicht viel darüber nachgedacht. Mir wurde gesagt: „Du mußt sofort los, pack deine Sachen“, und ich griff zu diesen Büchern. Es waren die, die mir irgendwie am nächsten waren, die ich am häufigsten las oder in denen ich am meisten nachschaute. Es gab noch mehr, aber die sind dort geblieben. Die ich mitnahm, flogen in den Rucksack, kamen in den Urwald und dort sind sie geblieben. Als wir losgingen, bewahrten wir alles in den – wie wir sagen – Briefkästen auf, das heißt in den kleinen Erddepots, die wir im Urwald für die Dinge eingerichtet haben, die wir nicht täglich brauchen, und die wir in bestimmten Zeitabständen durchsehen und dabei Sachen für unseren Gebrauch herausnehmen. Dort ließ ich manchmal ein paar Bücher zurück, manchmal holte ich andere heraus und tauschte sie aus. So ging es lange Zeit ...

Ich erinnere mich an den bedeutendsten Abschnitt des *Quijote*, als Alonso Quijano schließlich feststellt: „Ich war verrückt, jetzt bin ich vernünftig“, und daß man sich trotzdem an Quijote nur wegen seiner Verrücktheiten erinnert. Die Niederlage der Verrücktheit, der Sieg der Besonnenheit und Umsicht sind das Schmerzhafteste dieses Buches. Trotzdem erinnern sich die Leute immer an die heldenhaften, verrückten Aktionen des Quijote und nie an die Abschnitte, in denen er zum normalen Leben zurückkehrt, in denen er sich wieder einfügt.

Das haben wir stets zu vermeiden versucht: zu sagen, daß wir verrückt gewesen sind und daß wir uns nun wie-

1 Hier bekannter als Pancho (Koseform von Francisco) Villa. Neben Emiliano Zapata, der im Süden Mexikos den revolutionären Aufstand (1913-1920) der Indios organisierte, war Francisco Villa der zweite revolutionäre Führer, der im Norden Mexikos agierte.

der fügen und vernünftig werden wollen. Wir mußten uns diese Verrücktheit bis zum letzten erhalten. Die Windmühlen sind die Hubschrauber von Godínez Bravo[1] gewesen, obwohl sie nicht gerade Windmühlen sind, ebensowenig wie die Pilatos-Flugzeuge eine Fiktion sind, die die „neutrale“ Schweizer Regierung an die mexikanische Regierung verkauft, damit diese die Indianer umbringt.

Ich war volle Kanne am Schreiben

Wirklich übel wurde die Angelegenheit nach dem Dialog* in San Cristóbal. Einmal kam ich mit drei Säcken voller Briefe heraus. Damals schickte mir ein zweijähriges Kind einen Brief, der aus nichts als Gekritzel bestand, ich brauchte eine Woche, um ihm mit meinem Gekritzel zu antworten. Verdammt, was war ich glücklich beim Schreiben. „Wartet einen Moment auf mich, ich bin sehr beschäftigt“, erklärte ich den Compañeros, wenn sie mich riefen. „Das Komitee wartet auf dich.“ „Dann sollen sie warten, ich bin gerade am Kritzeln“, lautete meine Antwort.

Ich werde mich damit beschäftigen, kleine Drückebergerinnen aufzusammeln

Was ich machen werde, wenn alles vorbei ist? Ich werde Altkleidersammler werden, ich werde gebrauchte Kleider kaufen und verkaufen und kleine Drückebergerinnen aufsammeln wie das Opossum im Lied von

1 Wurde nach dem Aufstand der EZLN am 1.1.1994 zum Militärchef von Chiapas ernannt

Cri Cri[1]. Das werde ich machen; ich brauche wohl eine kleine Finanzspritze von PRONASOL[2], dafür werde ich zuerst die *pasamontañas* verkaufen, danach kaufe ich zwei andere und verkaufe sie wieder und so weiter. Nein, nein, ich habe kein persönliches Projekt, aber das macht mir keine Sorgen. Wir leben in den Tag hinein. Die Dinge können sich soweit ändern, daß es für uns persönlich kein Morgen mehr gibt, für die Bewegung gibt es allerdings sehr wohl eine Zukunft.

1 Francisco Gabilondo Soler, äußerst populärer mexikanischer Kinderliedermacher

2 Programa Nacional de Solidaridad, Regierungsprogramm zur Verbesserung der Lebensbedingungen der Ärmsten, tatsächlich nur Almosenverteilung zum Stimmenkauf

INDIANER

Die Achtung der indianischen Kultur

Das wichtigste Thema für die Compañeros und faktisch der Auslöser unseres Krieges ist die Frage der Achtung der indianischen Gemeinschaften und ihrer Regierungsformen, ihrer Art der Rechtsprechung, ihrer Kultur sowie der Kampf gegen die Diskriminierung, der sie ausgesetzt sind, und gegen die schlimmen materiellen Bedingungen, unter denen sie leben.

Warum sie und wir nicht?

Die indianischen Compañeros wollen nicht in die Stadt ziehen. Sie wollen, daß es die Bequemlichkeiten der Stadt auch in ihrer Gemeinschaft gibt. Das heißt, sie wollen hier Herd, Fernsehen, Waschmaschine, Kühlschrank, Traktor, ein Kino, ein Basketballfeld, eine Disko haben … Wenn jemand bereit ist, für etwas zu sterben, hat er das Recht, alles zu verlangen. Die Compañeros sagen: „Wenn wir bereit sind zu sterben, warum fordern wir nicht, daß sie uns alles geben? Sollten wir das vielleicht nicht wert sein?“

Es war sehr witzig, als das Komitee in den Gemeinschaften erklärte, was eine Waschmaschine ist. Die Compañeras fragten:

– Was ist denn eine Waschmaschine?

– Na ja, eine Maschine, die Wäsche wäscht.

– Aber, wie wäscht sie Wäsche?

– Also, du wirfst die Sachen rein, und sie wäscht die Wäsche.

– Ahhh, du machst dich über uns lustig. Du willst uns doch nicht etwa erzählen, daß man die Wäsche nicht rubbeln muß?

Sie wußten es nicht. Um sie zu überzeugen, sagten die Leute vom Komitee:

– Na gut, die Waschmaschine ist eine Maschine, damit die Mädchen nicht an den Fluß gehen müssen und dort die ganze Zeit rumflirten.

Denn viele Liebschaften fangen beim Wäschewaschen an. Daraufhin sagten die Mütter begeistert:

– Jawohl, es müssen Waschmaschinen gefordert werden, dann muß ich nicht mehr auf dieses Luder aufpassen. Sie ist schon fast schwanger geworden.

Was es mit einem Kühlschrank auf sich hatte, verstanden sie auch nicht. Den Strom zum Beispiel, den ersten Strom, den es im Dschungel gab, stellten wir mit einem kleinen Suzuki-Generator oder weiß der Teufel was für einem Ding her. Danach machten wir den Scheinwerfer an und, verdammt, es gab sogar eine Versammlung, um den Scheinwerfer zu sehen.

Dann denken die Leute von hier: „Warum haben die so was, aber wir nicht? Arbeiten die vielleicht mehr als wir?“ Es ist verdammt verzwickt, auf diese Fragen zu antworten. Zu jemandem, der bereit ist zu sterben, kannst du nicht sagen: „Es ist eine Utopie, daß du Straßen, Kinos, Krankenhäuser, Bowling-Bahnen willst und all das hier in deiner Gemeinde“, denn sie wollen nicht in die Stadt ziehen, ihre Toten sind schließlich hier.

Daß sie all das wollen, heißt nicht, daß sie aufhören, Indianer zu sein. Sie haben keine Angst, sie sagen: „Wir halten schon 500 Jahre durch, und sie kriegen uns nicht klein; warum meinen die, daß uns nun ein Fernseher verändern wird?“

Wir wollen den uns vorenthaltenen Teil der Zivilisation, denn wir glauben, daß die Leute vernünftig genug sind, um mitzukriegen, daß es Stumpfsinn ist, was im Fernsehen läuft.

Die Compañeros haben sich vor Lachen in die Hosen gemacht

Einmal haben wir einen kubanischen Film mit dem Titel *Elpidio Valdés* gezeigt, einen Zeichentrickfilm über die kubanische Unabhängigkeit. Die Compañeros haben sich vor Lachen in die Hosen gemacht, aber nicht wegen des Films. Sie sagten: „Habt ihr gesehen, wie die Leute in Kuba sind?“ Die haben ihnen überhaupt nicht gefallen, sie wollten Leute aus Fleisch und Blut sehen, keine Zeichentrickfiguren; und sie meinten, wir sollten keine Filme mehr von Kubanern zeigen, weil die so ganz anders seien.

Sie haben genügend Distanz zu diesen Dingen. Ihre Fähigkeit zur Verwunderung werden sie nicht durch das Fernsehen verlieren; und die Fähigkeit zur Verwunderung rettet den Menschen davor, zur Maschine zu werden. Wer glaubt, schon alles gesehen zu haben, dem ist schon alles scheißegal.

Zu der Zeit, als wir anfingen, uns stark zu vergrößern, und mehr Kontakt mit den Gemeinschaften bekamen, benutzten wir eine bestimmte Route, um von einem Gebirge ins andere zu gelangen. Von einem Stützpunkt zum anderen waren es insgesamt 16 Stunden Weg, und in der Mitte gab es einen Fluß und einen sehr kleinen, sehr armen Ort. Dort wohnte ein zapatistischer Compañero, ein Milizunteroffizier, der uns jedesmal, wenn wir kamen, in seinem Kajak übersetzte. Er hatte eine etwa drei bis vier Jahre alte Tochter, die ihn immer begleitete, wenn wir den Fluß überquerten, und die uns immer einen kleinen Kanister, eine Feldflasche mit Kaffee brachte. Ich fragte sie, wie sie heiße und sie antwortete: „Paticha"; sie hieß Patricia. Wir fragten sie, was sie werden wollte, wenn sie groß sei, und sie antwortete: „Guerillakämpferin!"

Paticha fehlte nie. Einmal, als wir spät dran waren, verbrachten wir dort die Nacht, und Paticha fing gegen sechs Uhr abends an zu fiebern. Um zehn Uhr nachts starb sie in meinen Armen. Wir konnten nichts machen. Wir suchten im Dorf nach fieberstillenden Mittel. Es gab nichts, und auch wir hatten nichts dabei. Wir benetzten sie mit kaltem Wasser, wir badeten sie, alles, um das Fieber zu senken. Wir legten ihr feuchte Lappen auf den Körper, und sie trocknete sie, als wäre sie ein Bügeleisen. Sie muß 39° oder 40° Fieber gehabt haben, und wer hält so was mit drei oder vier Jahren aus. Sie starb mir unter den Händen weg.

So etwas geschah häufig, das war etwas Alltägliches. Paticha hatte keine Geburtsurkunde, das heißt, für den Staat hat sie nie existiert, deshalb gab es ihren Tod auch nicht. Und solche Fälle hat es tausendfach gegeben.

In der indigenen Bevölkerung von Chiapas gibt es

jährlich 15.000 Tote. Das sind soviel Tote wie im Krieg von El Salvador, wenn man nur die Toten der einen Seite zählt, und mit der großen Schande, daß die Mehrheit bei uns an Durchfall oder Verdauungskrankheiten stirbt.

Für uns ist der Tod nicht dramatisch. Ich weiß, daß der Tod in einem Kommuniqué oder einer Erklärung dramatisch klingt, aber für die Truppe ist er etwas ganz Natürliches. Den Kriegsverletzten, die einen Granatsplitter oder ein Mörserstück in irgendeinem Körperteil stecken hatten, sagte ich, daß sie gehen sollten, sie seien krankgemeldet, aber sie wollten nicht. „Nein, warum denn", sagten sie, „es war doch ausgemacht, daß es hier um Tod oder Sieg geht, und da wir nicht gesiegt haben und nicht gestorben sind, müssen wir also weitermachen." Und sie sagten das nicht so, als wäre es etwas Dramatisches oder Schreckliches, sondern für sie war das ganz natürlich.

Bei den Indianern werden die Toten nicht vergessen, die Lebenden gedenken ihrer und kümmern sich um sie. Auch die Toten müssen sich um die Lebenden kümmern.

Zapata ist nicht gestorben, er hat sich in Chiapas versteckt

Auf die eine oder andere Weise gibt es eine Kampftradition, die schon viele Jahre, 500 Jahre, währt. Der Bezugspunkt für den Widerstand der Compañeros sind ihre Toten. Die Bedeutung der Berge zum Beispiel liegt für die Compañeros darin, daß dort ihre Toten sind. Aber das vermischen sie mit Vorstellungen von der Gegenwart. So sagen zum Beispiel die Alten, die tief im Inneren des Urwaldes wohnen, daß Zapata nicht gestorben ist, sondern sich in Chiapas versteckt hält. In der Gegend von Margaritas heißt es, Zapata sei aus Chiapas und daß er umgebracht worden sei, als er nach Morelos ging; und das sei sein Fehler gewesen, was habe er auch in Morelos zu suchen gehabt, wenn es ihm hier in Chiapas doch gut ging. Die Zeiten werden durcheinandergeworfen. Ein Alter kann dir von der Kolonialzeit erzählen, vom Ausbruch des Vulkans Chichonal 1982 und vom Schwein, das am Vortag gestorben ist, als wäre alles am gleichen Tag geschehen.

So war es mit dem alten Antonio. Er erzählte von den Bergen, als die Carranza-Leute[1] hier in Chiapas waren und kämpften, und als wir ankamen. Er sprach davon so, als wäre alles in derselben Woche geschehen.

Das Wort „sich ergeben" gibt es hier nicht

Irgend jemand fragte einen indianischen Compañero, was er über den Konvent* denke. Aber die hiesigen Compañeros benutzen für den Konvent nicht das Wort „Konvent", sondern das Wort „Dialog" mit den Compañeros aus der Stadt. Deshalb sagte der Compañero: „Ich weiß nicht." Dasselbe passiert beim Wort „sich ergeben", für das es keinen entsprechenden Ausdruck in ihren Sprachen gibt. Sie sagen „nicht mehr kämpfen", aber nicht „sich ergeben", ein Wort, das es in der Mayasprache nicht gibt. Die Mayas haben es nie benutzt. Sie gingen stattdessen in den Fluß Grijalva: sie wurden umzingelt und sollten ein Friedensabkommen unterzeichnen, sie weigerten sich und zogen es vor, die tiefe Schlucht von Grijalva hinunterzu-

1 Venustiano Carranza, General, 1917-1920 mexikanischer Präsident, hat Zapata in eine Falle gelockt und ermordet.

springen[1]. Da haben die anderen vielleicht dumm aus der Wäsche geguckt ...

Ich gehorche doch nicht einer Frau

Es gibt einen großen Unterschied zwischen den aufständischen Frauen und den Frauen aus den Dörfern. Die aufständischen Frauen sind den anderen um Lichtjahre voraus, sie ergreifen die Initiative, zum Beispiel in Liebesbeziehungen, aber auch in der Befehlshierarchie. Vor dem Krieg waren die Männer sehr argwöhnisch, wenn eine Frau das Kommando hatte. Das war vielleicht ein Durcheinander, ich habe oft Streit schlichten müssen. Von wegen: „Ich gehorche doch nicht einer Frau, warum sollte ich auch." So sind sie erzogen worden. Im Dorf macht eine Frau das nicht.

Seit den Kämpfen in Ocosingo* gibt es das Problem nicht mehr, denn die Frauen mit Befehlsgewalt waren diejenigen, die in Ocosingo am besten kämpften, sie holten die Verletzten aus dem Belagerungsring. Einige haben immer noch Granatsplitter im Körper. Sie holten die Leute heraus, und zwar lebend. Damit war die Frage beantwortet, ob die Frauen in der regulären Truppe befehlen können oder nicht.

Als die aufständischen Frauen in die Berge gingen, wurden sie von den alten Dorffrauen beschuldigt, daß sie dort nur herumhuren würden, daß niemand auf sie aufpassen würde. Aber die jungen Frauen aus dem Dorf waren begeistert. Sie fragten die aufständischen Frauen, wie sie dort behandelt würden:

1 D.h., die Mayas begingen kollektiven Selbstmord, um der drohenden Sklaverei zu entgehen.

– Man muß keine Mitgift bezahlen?

– Nein, brauchst du nicht.

– Und wenn du dich nicht einfach nehmen lassen willst, wirst du bestraft?

– Nein, sie dürfen dich nicht einfach nehmen, wenn du es nicht willst (sie benutzen tatsächlich dieses Wort).

– Geil, das ist ja stark, meinten die aus den Dörfern. Dann wollten sie wissen:

– Wenn du einen Mann nicht liebst, mußt du ihn auch nicht heiraten?

– Wenn du nicht willst, dann heiratest du nicht.

– Los, gehen wir.

Danach kamen unglaublich viele Frauen.

Das Leben in den Bergen ist sehr hart, wirklich ganz hart, und belastet die Frauen viel stärker als die Männer. Da wir unter verdammten Einschränkungen leben müssen, leiden wir alle an Anämie und Unterernährung. Die jungen Frauen leiden außerdem am Blutverlust durch die Menses. Für sie ist es verdammt hart, auch was die Hygiene angeht. Aber die, denen die Luft ausgeht, wie wir sagen, die die Berge nicht durchhalten und wieder zurück ins Dorf wollen, das sind die Männer. Die Frauen sagen: „Warum soll ich zurückkehren, wo es mir doch im Dorf schlechter geht." Sie fühlen sich hier wohler, obwohl es ihnen gesundheitlich schlecht geht. Zurückzukehren wäre ein Rückschritt um Jahrzehnte, um Jahrhunderte.

Beide werden auf dem Basketballplatz angebunden

Wenn eine Frau in den chiapanekischen Gemeinschaften mit einem Mann weggeht und sie sich lieben, also zusammen schlafen, ohne verheiratet zu sein, werden beide auf dem Basketballplatz angebunden, er an einen Pfosten, sie an den anderen, und beide werden bestraft, oder wenn es ein Gefängnis gibt, werden sie ins Gefängnis gesteckt. Die Strafe besteht in der Ausführung einer gemeinnützigen Arbeit, die die Gemeinschaft festgelegt hat: die Schule reparieren, einen Mauerdurchbruch machen oder Wache schieben. Der Mann muß außerdem eine Strafe an den Vater der Frau bezahlen. Wenn die aufständischen Frauen in ihre Dörfer kamen, versuchten sie mit allen ihren Mitteln, Druck auf die Frauen auszuüben, damit sie in dieser Richtung etwas änderten.

Wenn die Frauen beim Ehebruch erwischt werden, werden sie auch bestraft, sie müssen dem Ehemann eine Strafe bezahlen, das geht sehr radikal zu in dieser Hinsicht. Alles, was nicht Übereinkunft der Gemeinschaft ist, ist ein Delikt, und es gibt natürlich keinen Beschluß darüber, daß der eine mit der anderen und die andere mit dem einen ins Bett gehen kann.

Homosexualität wird nicht bestraft, ich weiß allerdings, daß sie sich darüber amüsieren und Witze machen. Aber daß sie Homosexuelle einsperren, bestrafen oder kastrieren, nein.

Die meisten Vermählungen finden in der Kirche statt, zivile Trauungen gibt es nicht. Bei Eheschließungen wird jetzt auch die Meinung des Mädchens berücksichtigt. Sie werden gefragt, ob sie mit der Heirat einverstanden sind. Früher nicht, früher war es ein Abkommen zwischen dem, der heiraten wollte, und dem Vater des Mädchens, es war ein Geschäft. Wenn es zum Abschluß kam, wurde der jungen Frau gesagt: „Morgen heiratest du“, „Wen?“, „Den da“, und das war's. Heute ist es nicht mehr so, heute muß das Mädchen ihr Einverständnis geben, und wenn sie nicht heiraten will, kann sie durch nichts dazu gezwungen werden.

In den indigenen Gemeinschaften hier heiraten die

Mädchen im Alter zwischen 13 und 16 Jahren, mit 20 sind sie schon aus dem Rennen. Die Männer heiraten mit 17 oder 18 Jahren, mit 25 sind sie schon Väter von vier oder fünf Kindern.

Die aufständischen Frauen benutzen in der Regel eher empfängnisverhütende Pillen als Kondome. Die Kondome benutzen sie, um die Gewehrmündung zu verschließen, damit kein Wasser und Schlamm reinkommt. Wirklich, dafür werden sie benutzt. Der Karabiner wird naß, wenn es regnet, deshalb ziehen sie ihm das Kondom über.

Das Problem mit den Pillen ist, daß sie den Frauen schaden, da sie fast alle sehr jung sind. Einige haben es mit Diaphragmas versucht, aber auch das nervt sie sehr. Ob die Frauen nicht versucht haben, die Männer dazu zu bringen, Kondome zu benutzen? Das wird ausschließlich die Aufgabe der Frauen sein, wie es auch ihre Aufgabe war, das „Frauengesetz" durchzusetzen. Im allgemeinen sind die Frauen radikaler, sie sagen, daß alle Compañeros kastriert werden sollten ...

Der erste zapatistische Aufstand fand nicht am 1. Januar 1994 statt

Als im März 1993 das Comité Clandestino Revolucionario Indígena* zusammentrat, war es die Aufgabe der Compañera Susana, die Vorschläge vorzulesen, die die Vorstellungen von Tausenden von Indianerfrauen zusammenfaßten. Sie begann zu lesen, und je weiter sie las, desto unruhiger wurde die CCRI-Versammlung. Sie sagte: „Wir wollen, daß man uns nicht zu einer Heirat mit jemandem zwingt, den wir nicht lieben. Wir wollen nur so viele Kinder haben, wie wir wollen und aufziehen können. Wir wollen ein Recht auf Ämter in den Gemeinschaften haben. Wir wollen das Recht haben, unsere Meinung zu sagen, und wir wollen, daß sie geachtet wird. Wir wollen das Recht haben zu studieren oder auch Chauffeur zu werden.“ Am Ende hing ein bleiernes Schweigen über der Versammlung. Die Frauengesetze, die Susana gerade vorgelesen hatte, stellten für die indianischen Gemeinschaften eine wirkliche Revolution dar. Das ist die Wahrheit: der erste Aufstand der EZLN fand im März 1993 statt und wurde von den zapatistischen Frauen angeführt. Es gab keine Verluste, und sie gewannen. So läuft das nun mal hier.

Ja, es ist üblich, daß der Mann auf dem Esel oder Pferd zur Arbeit reitet und daß die Frau zu Fuß geht. Aber das ist eine Abmachung. Denn der Mann muß normalerweise pflügen, er muß den Wald mit der Machete roden, das Gelände säubern. Das ist eine sehr harte Arbeit, die dich vollkommen fertigmacht. Wenn er zu Fuß ginge, könnte er die Arbeit nicht schaffen.

So ist es bei den Tzeltalen, aber bei den Cholen, wenn es viele Frauen in einer Familie gibt, sind sie es, die pflügen. Deswegen gibt es unter den Compañeras, die zu den aufständischen Frauen gehören, die also zur regulären Armee gehören, einige, die keine Ahnung von der Feldarbeit haben, andere aber sehr wohl, und die sagen dir dann: „Nein, dieses Gelände mußt du so pflügen“, und so’n Zeug. Das sind die Cholenfrauen, denn die Cholen lassen schon die kleinen Mädchen Männerarbeit machen.

Die durchschnittliche Lebenserwartung der Frauen hier im Urwald liegt zwischen 40 und 45 Jahren, bei den Männern liegt sie zwischen 50 und 60. Die Frauen sterben früher, weil sie wie ein Tier arbeiten müssen. Sie sterben nicht, weil sie nichts zu essen hätten, sondern weil das, was sie essen, so schlecht ist, daß sie keinerlei Widerstandskräfte gegen Krankheiten haben. Eine Infektion macht ihrem Leben in wenigen Stunden ein Ende.

Die Kindheit ist kurz hier

Ob die Eltern die Kinder schlagen, wenn sie sich schlecht benehmen? Sie wischen ihnen schon mal eine, aber sie prügeln sie nicht. Im allgemeinen ist dies nicht die Aufgabe des Vaters oder der Mutter, sondern der Geschwister. Es ist ein Hammer, aber die Mädchen von 6 oder 7 Jahren sind die Mütter der Neugeborenen, sie sind es, die die Babys auf dem Rücken tragen. Ich weiß nicht, ob es euch aufgefallen ist, aber viele Compañeras haben so etwas wie einen Buckel, das kommt daher, weil sie als kleine Mädchen schon ihre Geschwister auf den Schultern getragen haben. Im allgemeinen wird das Kind weder von der Mutter noch vom Vater erzogen, sondern von seiner Schwester oder seinem Bruder, die ihm dann auch mal eine wischen.

Die Kindheit ist ein sehr knappes Gut hier, es ist eine sehr kurze Zeit, sehr flüchtig und eine Zeit, die man am besten schnell vergißt. Es gibt Familien mit 12 oder 14 Kindern, von denen vier oder sechs sterben, einfach so. Es gibt keine Familie, in der nicht mindestens ein Kind gestorben wäre. Deshalb dauert die Kindheit nur ein paar Jahre. Wenn du anfängst, selbständig zu denken, hörst du auf, Kind zu sein und mußt ran.

Eine Jugend haben sie auch nicht: die Männer sind schon mit 16, 17 Jahren verheiratet und die Frauen mit 13, 14.

Das Leben verläuft hier für alle gleich. Da Krieg ist, ist Krieg auch für die Kinder. Die Kinder spielen, daß sie kämpfen, weil ihre Leute kämpfen, und der Junge will so sein wie sein Bruder, der Zapatist ist, und spielt, daß er Zapatist ist. Wie der Junge in der Stadt spielt, daß er der Zodiakritter[1] ist.

Sie sollen uns nicht nur respektieren, sie sollen auch von uns lernen

In der Regierungsform der indianischen Gemeinschaften, in ihrer Organisationsform gibt es Elemente, die nicht mit den offiziellen Regierungsvorstellungen – weder auf Bundes-, Landes-, noch Gemeindeebene – zusammenpassen, weshalb es hier zu Widersprüchen kommt, bei denen sich immer nur einer durchsetzt: die Regierung. Die Compañeros sagen: „Sie müssen nicht nur unsere Regierungsformen respektieren, sondern sie sollen auch von uns lernen." Wenn es keine Autonomie geben wird, dann müßte auf jeden Fall erreicht werden, daß die Bundes-, Landes- und Kommunalrechtsstrukturen unserer Regierungsform unterworfen werden, denn wir haben fortschrittlichere, demokratischere Strukturen als die, die sie uns vorschreiben.

Wir können kein Gesetz gegen den Willen der Gemeinschaft durchsetzen oder anwenden. Wenn einer von uns den Auftrag nicht erfüllt, den ihm die Gemeinschaft gegeben hat, wird er abgesetzt, seines Amtes enthoben. Welcher Präsident der Republik, welcher Gemeindevorsteher oder welcher Gouverneur hätte so eine Bestimmung akzeptiert? Sie klammern sich an die Macht und bleiben an ihr kleben, koste es, was es wolle.

Ich werde euch ein Beispiel dafür geben, wie sich die

1 Eine Figur aus einer beliebten Trickfilmserie für Kinder

Staatsmacht gegen die Macht der Gemeinschaften durchsetzt: Wenn du dich betrinkst und die Hütte deines Nachbarn zerstörst, weil sein Schwein auf dein Feld gesprungen ist und deine Maiskolben gefressen hat und du das Schwein umbringen willst, aber das Schwein abhaut und du hingehst und das Haus des Nachbarn beschädigst, dann heißt das laut Bundesstrafgesetzbuch: „Hausfriedensbruch, Beschädigung fremden Eigentums, Schaden an Dritten usw.“, und sie stecken dich ins Gefängnis. Die Gemeinschaft verfährt da anders, sie wird dir sagen: „Ah, du hast das Haus beschädigt, dann wirst du es also reparieren und eine Zeitlang arbeiten, um den Schaden wiedergutzumachen, den du angerichtet hast. Du bleibst in Freiheit, aber du wirst moralisch verurteilt, du wirst den Schaden, den du deinem Nachbarn verursacht hast, wiedergutmachen, aber vor den Augen aller.“ Alle urteilen über dich, sie stellen dich bloß, was sehr schwer wiegt.

Derjenige, der einen Menschen umgebracht hat, wird kraft des Strafgesetzbuches verhaftet und in den Kerker gesteckt, wodurch zwei Witwen zurückbleiben: die des Toten und die des Mörders. Die Gemeinschaft sagt: „Nein. Physische Freiheit, moralische Strafe. Der getötet hat, muß für die Witwe und deren Kinder arbeiten und für seine Frau und seine Kinder“, und er hat als Mörder in der Öffentlichkeit jegliche moralische Autorität oder Rechte verloren, was die schlimmste Strafe ist. Wenn die Witwe und die Gemeinschaft mit der Strafe einverstanden sind, warum kommt dann die Bundespolizei und nimmt den Mörder mit und läßt zwei Witwen zurück? Das sind die Organisationsformen, die die Bundesregierung nicht akzeptiert.

Wir glauben, daß die Lösung des Indianerproblems nicht nur eine Angelegenheit der Regierung ist, sondern der Zivilgesellschaft. Zum Beispiel: im Fall des Hochlands von Chiapas reicht es nicht aus, daß die Regierung sagt: „Die Rechte werden geachtet und es kommt zu keiner Diskriminierung." Es muß zu Veränderungen in der Existenzform und in der Erziehung, in der Verhaltens- und Lebensweise der nichtindianischen Zivilgesellschaft kommen, um diese nicht Mestizen oder Ladinos[1] zu nennen. In San Cristóbal de Las Casas gibt es sehr edle, sehr aufrichtige Leute, aber auch sehr despotische Leute, die sich ausgesprochen rassistisch gegenüber den Indianern verhalten. Und das sammelt sich an, das ist ein Haß, der sich anstaut.

In diesem Sinne will die EZLN nicht nur einen Dialog mit der Bundes-, Landes- oder kommunalen Regierung, sondern sie will auch mit der Zivilgesellschaft sprechen und ihr klarmachen, daß es auch bei ihr zu einem Wandel in ihrer Beziehung zu den Indianern kommen muß. Das gilt auch, wenn es ein Gesetz gäbe, das bestimmen würde, daß die Indianer nicht mehr diskriminiert werden dürfen. Solange die Ursachen fortbestehen, wird sich der 1. Januar 1994* an einem beliebigen Tag eines beliebigen Jahres eines beliebigen Jahrzehnts eines beliebigen Jahrhunderts wiederholen, obwohl fünf Jahrhunderte vergehen mußten, bis es zum 1. Januar 1994 gekommen ist.

1 Ladinos sind die Menschen, die zur spanischsprachigen und kulturell gesehen „weißen" Schicht gehören.

Es geht nicht darum, Mestizen zu verjagen und Indianer an ihre Stelle zu setzen

Es geht nicht darum, daß der befiehlt, der eine dunkle Haut statt einer hellen hat oder der nur mühsam Spanisch spricht. Er kann dunkel- oder hellhäutig sein, aber er muß aufrichtig sein, er muß zu einem wirklichen Dialog mit den Compañeros fähig sein. Es geht nicht darum, daß wir alle Mestizen verjagen und nur noch Indianer an ihre Stelle setzen. Solange die Ursachen für die Übel fortbestehen, werden auch Indianer, die die Macht haben, korrumpiert werden und sich verkaufen.

Die Compañeros bestehen weniger darauf, daß die Regierung indianisches Blut hat, als daß sie ihre Bedürfnisse berücksichtigt. Die Leute, die sagen: „Dem Marcos werden die Leute den Rücken zudrehen, denn er ist kein Indianer, und die Leute akzeptieren nur indianische Führer“, haben unrecht, das stimmt nicht. Daß der Gouverneur von Chiapas ein Indianer sein soll, ist nicht das Anliegen der Indianer, denn er kann genausogut ein Schweinehund sein; auch nicht daß der Gemeindevorsteher Indianer sein muß, denn er kann genauso korrupt und niederträchtig sein. Die Compañeros sagen: „Es kann ein Mestize, ein Ladino, ein Universitätsangehöriger, ein Lehrer oder was auch immer sein, aber er muß unsere Interessen vertreten.“ Es ist nicht das Blut, das die Dinge bestimmt, sondern die politische Richtung. In diesem Sinne ist eine indianische Regierung diejenige, die die Bedürfnisse der Indianer, ihre Lebensbedingungen anerkennt.

Die Indianer aus anderen Landesteilen, zum Beispiel die am Golf, sagen, daß sie sich erheben werden, wenn wir sagen: „Los geht's!“ Und wenn wir ihnen sagen, daß etwas gemacht werden muß, machen sie es. Aber nicht nur in Mexiko. Andere Gruppen ausländischer Indianer haben uns angeboten, daß sie, wenn der Waffenstillstand gebrochen würde, irgendwo anders loslegen würden. Ich mußte ihnen sagen, daß sie es lassen sollten. Deshalb war der Befehl zur Verlängerung des Waffenstillstands ein Befehl für die Kräfte im Landesinneren und im Ausland, ansonsten wäre der Teufel losgewesen.

Die Verbindungen, die es zwischen den Indianern gibt, sind verdammt gut, sie verfügen über Mittel, von denen man keine Vorstellung hat. Sie haben ein verteufelt hohes kriegerisches Potential. Deshalb habe ich gesagt, wenn die da oben Krieg haben wollen, werden sie Krieg haben und zwar einen sehr, sehr langen.

Die Leute hier sind wie die in der Stadt: sie kennen keine Grenzen

Die Indianer hier im Urwald sind wie die in den Städten: sie kennen keine Grenzen. Der einzige Vorteil, den sie haben, ist der, daß sie dem Druck des Kollektivs nachgeben. Ohne Bindung sind sie hemmungslos. Dann betrinken sie sich, sie vergewaltigen, töten ... Wie überall verlieren sie den Mut, fühlen sich am Boden zerstört, erheben sich und kommen sich vor wie die Herrn der Welt, so wie jeder andere Mensch auch. Der einzige Vorteil ist, daß sie dem Kollektiv die gesellschaftliche Kontrolle überlassen und es respektieren, denn andernfalls sind wir am Ende. Das heißt, daß es das Kollektiv der Gemeinschaft ist, das dich in die Pflicht nimmt und Druck auf dich ausübt oder dich bestraft, wenn du deine Pflichten nicht erfüllst. Aber nein, sie sind nicht besser als andere Mexikaner, sie sind keine besseren Menschen! Ich glaube, die Umstände haben sie in diese Rolle gedrängt, aber jeder hätte es so gemacht, wenn er unter solchen Umständen gelebt hätte.

Unser Land, unsere Fahne

Das Vaterland muß neu geboren werden

Als wir mit unseren Rucksäcken, unseren Toten und unserer Geschichte auf den Schultern von den Bergen herabstiegen, gingen wir in die Stadt, um das Vaterland zu suchen.

Das Vaterland, das in der letzten Ecke des Landes vergessen worden war, in der einsamsten Ecke, der ärmsten, der schlechtesten. Wir kamen, um das Vaterland, unser Land nach dem Warum zu fragen. Warum hat es uns so viele Jahre dort zurückgelassen? Warum hat es uns mit so vielen Toten dort zurückgelassen?

Wir wollten die Frage stellen: „Warum ist es notwendig zu töten und zu sterben, damit die Leute endlich Ramona[1] zuhören, wenn sie hier so unglaubliche Sachen erzählen muß, wie die, daß die Indianerinnen leben wollen, studieren wollen, Krankenhäuser wollen, Arzneimittel wollen, Schulen wollen, Lebensmittel wollen, Respekt wollen, Gerechtigkeit wollen, Würde wollen? Warum ist

1 Eine der indianischen Kommandantinnen, Mitglied des CCRI der EZLN

es notwendig zu töten und zu sterben, damit Ramona herkommen kann und den Dingen, die sie sagt, Aufmerksamkeit geschenkt wird? Warum ist es notwendig, daß Laura, Ana María, Irma, Elisa, Silvia und so viele indianische Frauen zum Gewehr greifen und Soldatin werden mußten statt Ärztin, Akademikerin, Ingenieurin, Lehrerin?

Warum mußten so viele sterben? Was ist in diesem Land los, daß es notwendig ist, zu töten und zu sterben, um einige kleine Wahrheiten sagen zu können, ohne daß sie gleich wieder vergessen werden?

Unser Land muß neu geboren werden, aus unseren Entbehrungen, aus unseren geschundenen Körpern. Dieses Vaterland wird sich neu erheben müssen.

Das ist es, was wir dem Vaterland, einer Nation, gesagt haben: Warum habt ihr uns nicht wenigstens im Erdgeschoß gelassen statt im Keller?

Wir stellen uns einem Vaterland entgegen, das uns beiseite drängt, das uns vergißt, das uns nicht beachtet und das beschlossen hat, sich unserer zu entledigen.

Unsere erste Reaktion ist Erbitterung, Widerspruch und Vorwürfe gegen das Vaterland. Aber es gab etwas, was wir nicht wußten – wir waren in den Bergen, verfolgt von Bomben und Kugeln – danach wurden wir uns jedoch bewußt, daß das Vaterland nicht das ist, was wir dachten, sondern daß es auch Leute in diesem Vaterland gibt, die bereit sind, das ganze Land voranzutreiben, nicht nur einen Teil oder eine Klasse. Und das gibt uns die Hoffnung, die Probleme wirklich lösen zu können und zu schauen, ob es vielleicht nicht doch noch einen anderen Weg gibt.

Die Fahne Mexikos ist unsere Fahne

Mit Wahrheit und Feuer bewaffnet kamen wir am 1. Januar 1994 in die Stadt, um mit Gewalt zu sprechen. Wir kamen wieder, um erneut zu sprechen, diesmal nicht mit Feuer. Unsere Waffen des Feuers und des Todes schwiegen, und ein Weg öffnete sich, damit das Wort wieder da herrschen konnte, von wo es besser niemals vertreiben worden wäre: auf unserem Land.

Wir kamen in die Stadt und fanden diese Fahne, unsere Fahne. Das fanden wir. Wir fanden kein Geld, wir fanden kein Bier, wir fanden niemanden, der uns zuhörte. Wir fanden die Stadt leer, wir fanden lediglich diese Fahne vor. Wir kamen in die Stadt und sahen, daß sich unter dieser Fahne ein Verhüllter* befand. Nicht das Vaterland, das in den Büchern und Museen vergessen worden ist.

Aber es gibt eine andere Fahne, die Fahne von Mexiko, unsere Fahne. Unter dieser Fahne lebt ein Teil des Landes, dessen Existenz von den Mächtigen geleugnet und verachtet wird.

Warum müssen wir mit den Stiefeln an den Füßen schlafen, um diese Fahne zu hüten? Warum rennen wir durch den Urwald, durch die Berge, Täler, schwer zugängliche Weidegründe, Haupt- und Landstraßen und hüten dabei diese Fahne?

Warum bringen wir sie als einzige Hoffnung auf Demokratie, Freiheit und Gerechtigkeit hierher?[1] Warum be-

1 Während der Gespräche zwischen der EZLN und Manuel Camacho Solís überraschte die EZLN den Friedensbeauftragten der Regierung am 24. Februar 1994 damit, daß die EZLN den offiziellen, aber wenig beachteten „Tag der Fahne“ ernst nahm und die Fahne in der Kathedrale, dem Konferenzort, ausbreitete. Um nicht ganz beiseite zu stehen, ergriff der verblüffte Camacho Solís einen Zipfel der Fahne.

gleiten die Waffen Tag und Nacht diese Fahne, unsere Fahne, warum müssen wir auf sie achtgeben? Warum?

Wir wollen euch fragen, ob es unter dieser Fahne eine andere Art zu leben gibt, eine andere Form, um mit Würde und Gerechtigkeit unter dieser Fahne zu leben. Ihr habt Ja gesagt, ihr habt zu uns in wahren Worten gesprochen, ihr habt uns aus dem Herzen gesprochen, als ihr gesagt habt: „Gebt ihnen eine Chance zum Frieden." Wir haben die Nachricht erhalten und sind mit wirklichen und aufrichtigen Absichten hierher gekommen; wir sind nicht doppelzüngig, es gibt keine dunklen Mächte hinter uns.

Ein Ort in euren Herzen für unser Denken

Wer soll uns denn daran hindern, uns wieder mit Krieg und Tod zu rüsten, um die Geschichte noch einmal zu durchlaufen? Wer? Ihr habt das Wort: die Regierenden und die Regierten, alle Völker dieser Welt. Antwortet! Wir können zuhören. Wir bitten euch, daß ihr unseren Gedanken einen Ort in euren Herzen gebt. Laßt uns nicht allein! Mit euch sind wir andere. Ohne euch sind wir wieder diese schmutzige, vergessene Ecke unseres Landes.

Wir wollen zum Volk von Mexiko sprechen

Wir wollen zum Volk von Mexiko sprechen. Ich rede jetzt nicht mehr von den Ärmsten, sondern ich meine etwas Umfassenderes: Leute, die den Willen zur Veränderung haben oder den Elan, eine andere Form des Landes zu suchen, ein gerechteres Land in dem Sinne, daß, wenn ein Teil des Landes gut lebt, auch alle anderen gut leben müssen.

Niemand wußte, daß es Ramona gibt

Es war notwendig, daß passiert ist, was passiert ist. Ein erster Januar war notwendig, damit sie uns zuhörten, und es war notwendig, daß die starben, die starben. Es war auf jeden Fall nicht vergebens, wenn sie uns dadurch zugehört haben. Es ist diese neue Heimat, wie wir sagen, zu der wir sprechen wollen und für die wir bereit sind, ihr auf dem Weg zu folgen, den sie vorgibt. Wenn es ein friedlicher und legaler Weg ist, werden wir ihm folgen.

Aber wir wissen, daß wir jetzt zu einer anderen Heimat sprechen. Weder du noch sonst irgend jemand wußte vorher, daß es Ramona gab und daß hinter ihr Zehntausende wie sie standen. Du wußtest nicht, daß sie, die wenige Kilometer von San Cristóbal in einem Bundesstaat leben, der Strom für Mexiko produziert, der Erdöl für den Export fördert, weder Strom, Gas noch Öl haben, daß sie sich Licht mit einem Kienspan machen, daß sie nicht einmal ein Feuerzeug, ein Ölkännchen oder ein Stück Stoff zum Anzünden benutzen. Nicht einmal das.

Wir haben uns nicht mit Waffen erhoben, weil es uns Spaß machte zu töten und zu sterben

Wir waren viele, die wir am 1. Januar alle Brücken hinter uns abgebrochen und diesen beschwerlichen Weg auf uns genommen haben, mit *pasamontañas*, die unser Gesicht einschnüren. Wir waren viele, die diesen Schritt gemacht haben, der uns jede Rückkehr versperrt und an dessen Ende uns der wahrscheinliche Tod oder die unwahrscheinliche Möglichkeit eines Sieges erwartet. Die Ergreifung der Macht? Nein, etwas Schwierigeres vielleicht: eine neue Welt.

Wir wollen, daß ihr wißt, daß wir uns nicht aus Lust am Töten und Sterben mit Waffen erhoben haben, daß wir nicht den Krieg gesucht haben, weil wir keinen Frieden wollten. Wir haben niemals in Frieden gelebt, unsere Kinder sind Jungen und Mädchen wie eure, aber unendlich viel ärmer. Für unsere Jungen und Mädchen gibt es weder Schulen noch Arzneimittel, weder Kleidung noch Lebensmittel, kein würdiges Dach über dem Kopf, wo wir unsere Armut beschützen könnten. Für unsere Jungen und Mädchen gibt es nur Arbeit, Unwissenheit und Tod. Unsere Felder sind vollkommen unfruchtbar. Um ein wenig für unsere Kinder zu bekommen, verdingen wir uns auf den Feldern der anderen, der Mächtigen, denen unsere Arbeit sehr wenig wert ist.

Unsere Kinder müssen schon von klein auf arbeiten, um ein wenig Nahrung, Kleidung und Arzneimittel zu bekommen. Das Spielzeug unserer Kinder ist die Machete, die Axt und die Hacke. Kaum können sie richtig laufen, gehen sie schon raus, um Holz zu sammeln, Bäume zu fällen, zu säen: das ist ihr Spiel, ihr Leid und ihre Arbeit. Sie essen dasselbe wie wir: Mais, Bohnen, Chili. Sie können nicht in die Schule gehen und Spanisch lernen, denn am Tag tötet dich die Arbeit, in der Nacht tötet dich die Krankheit. So leben und sterben unsere Jungen und Mädchen seit 501 Jahren. Wir, ihre Väter, Mütter, Brüder und Schwestern, wollten nicht länger die Schuld auf uns laden, nichts für unsere Jungen und Mädchen getan zu haben. Wir haben Wege des Friedens gesucht, um zu Gerechtigkeit zu kommen und sind auf Spott gestoßen, auf das Gefängnis, die Schläge, den Tod. Und immer stoßen wir auf Schmerz und Leid. Wir konnten nicht mehr und mußten uns aufmachen, den Weg des Krieges zu suchen, denn was wir mit unserer Stimme gefordert hatten, wurde überhört. Und wir fordern keine Almosen oder milde Gaben, wir fordern Gerechtigkeit: einen gerechten Lohn, ein Stück guter Erde, eine würdige Wohnung, eine wirkliche Schule, Medizin, die heilt, Brot auf unseren Tischen, die Respektierung unserer Welt, Freiheit, das zu sagen, was uns in den Sinn kommt und uns den Mund öffnet, damit uns die Worte mit den anderen vereinen, in Frieden und ohne Tod. Das haben wir immer gefordert, und sie haben nicht gehört, was unsere Stimme dringlich verlangt hat. Daraufhin nahmen wir eine Waffe in die Hand, daraufhin verwandelten wir unser Arbeitswerkzeug in Kriegswerkzeug und daraufhin wendeten wir den Krieg, den sie gegen uns führten, den Krieg, der uns umbrachte, gegen sie, gegen die Großen, gegen die Mächtigen, gegen die, die alles besitzen und nichts verdient haben.

Wir werden so verschwinden, wie wir gekommen sind

Der Spiegel, in dem sich die Nation jetzt sieht, ist ein neuer Spiegel, der weniger eine Frage löst, als daß er neue Fragen aufwirft, die zu lösen sind. Der Spiegel des Landes ist jetzt eine *pasamontañas*, das Land fragt sich, was steckt dahinter, warum diese *pasamontañas*? Das führt uns zu der Schlußfolgerung, daß das Problem nicht die *pasamontañas* ist, daß wir letztendlich verschwinden werden, wie wir gekommen sind, daß wir uns bald in Luft auflösen werden und daß das Land dann merken wird, daß seine Probleme andere sind, größere, daß es die Möglichkeit hat, sie auf vielfältige Weise zu lösen, in vielen Kämpfen.

Was das Land vielleicht zur Zeit nicht versteht, ist, daß diese *pasamontañas* nicht zur hegemonialen Macht werden will. Das führt es dazu, uns zu mißtrauen. Als ob man zufriedener wäre, wenn wir sagen würden: wir wollen die Macht, und wir werden eine Diktatur errichten, in der Subcomandante Marcos der neue Diktator ist. Da wir aber sagen, daß wir nichts dergleichen wollen, mißtraut man uns. Wenn man aufrichtig sein will, provoziert man größeres Mißtrauen als jemand, der klar sagt, daß er unaufrichtig ist.

Die Demokratie, die wir wollen

Demokratie heißt, daß jeder sagen kann, was er will, daß er eine politische Option anbieten kann und die Freiheit hat, sich für das eine oder andere zu entscheiden, ohne daß man ihn ins Gefängnis stecken oder ihn umbringen kann. Die Grundlage aller Gesundheits-, Erziehungs-, Wohnungs- und Ernährungsprobleme ist, daß es weder Demokratie noch Freiheit gibt. Es ist notwendig, daß es Demokratie und Freiheit gibt, damit die anderen Probleme gelöst werden können.

Die Demokratie in den Gemeinschaften ist sehr einfach. Wenn jemand seine Aufgaben nicht erfüllt, setzen sie ihn ab und einen anderen ein. Wir sagen, daß es so auch im ganzen Land sein muß: wenn jemand seine Aufgabe nicht erfüllt, muß er abgesetzt werden und ein anderer an seine Stelle treten, so daß der Gewählte sich selbst und seine Partei dazu zwingt, das Versprochene zu erfüllen.

Das Landproblem

Die Compañeros beziehen sich in ihrem Forderungskatalog in zweifacher Hinsicht auf das Landproblem. Es stellt sich weniger hinsichtlich der Ausdehnung oder des Besitzes im engeren Sinne, denn es gibt fruchtbares Land und unfruchtbares Land. Nicht einmal die Enteignung der Güter oder Latifundien ist das dringlichste, denn die wenigsten in diesem Bundesstaat werfen genug ab, um das Notwendigste zu sichern.

Die Compañeros haben starken Nachdruck darauf gelegt, daß das Landproblem ein Problem der Produktivität ist. Nicht nur die Landverteilung oder Regelung des Landbesitzes wäre notwendig, sondern es müßten auch große Investitionen getätigt werden, eine Infrastruktur geschaffen werden, die bewirkt, daß das bereits genutzte Ackerland mehr als den durchschnittlichen Hektarertrag abwirft. Dieser beträgt im lakandonischen Urwald eine halbe Tonne Mais, während der Landesdurchschnitt vor ein paar Jahren acht Tonnen pro Hektar betrug.

Für uns gibt es nichts, gibt es kein Land

Den Unternehmern haben wir nichts zu sagen, denn hier gibt es keine Unternehmen. Für uns gibt es nichts, gibt es kein Land. Es gibt weder eine Regierung noch einen Privatsektor, noch eine öffentliche Hand, es gibt weder Schulen noch eine medizinische Versorgung. Es gibt hier niemanden.

Wir sagen: Kommen Sie her, und wenn andere Teile des Landes das haben, was wir nicht haben, warum können wir es dann nicht auch haben?

Wenn das Land einen Standard hat, und wir uns darunter befinden, warum versetzt man uns nicht auf die gleiche Ebene der Vorteile und Probleme? Wir wissen schließlich, daß bisher kein Staat auch nur die schlimmsten Probleme gelöst hat.

Wofür müssen wir um Vergebung bitten?

Wofür müssen wir um Vergebung bitten? Daß wir nicht vor Hunger sterben? Daß wir nicht in unserem Elend schweigen? Daß wir die gigantische historische Bürde der Verachtung und des Verlassenseins nicht akzeptiert haben? Daß wir uns mit Waffen erhoben haben, nachdem uns alle anderen Wege versperrt worden waren? Daß wir das Strafgesetzbuch von Chiapas nicht befolgt haben, das absurdeste und repressivste, das es je gegeben hat? Daß wir der ganzen Welt gezeigt haben, daß die menschliche Würde noch lebendig ist und bei den Ärmsten beheimatet ist? Daß wir uns gut und sorgfältig vorbereitet haben? Daß wir mit Gewehren in den Kampf gezogen sind statt mit Pfeil und Bogen? Daß wir erst zu kämpfen gelernt haben, bevor wir es taten? Daß wir alle Mexikaner sind? Daß wir mehrheitlich Indianer sind? Daß wir das ganze mexikanische Volk aufrufen, auf alle möglichen Weisen für das zu kämpfen, was ihm zusteht? Daß wir für Freiheit, Demokratie und Gerechtigkeit kämpfen? Daß wir nicht dem Muster der früheren Guerilla folgen? Daß wir nicht aufgeben, uns nicht verkaufen und nicht betrügen? Wer muß um Vergebung bitten, und wer kann sie gewähren? Die, die sich jahrelang an einen vollgedeckten Tisch gesetzt und vollgefressen haben, während sich zu uns der Tod gesetzt hat, der so alltäglich ist, so sehr zu uns gehört, daß wir schließlich keine Angst mehr vor ihm haben?

Wer muß um Vergebung bitten? Diejenigen, die unsere Taschen und unsere Seele mit Erklärungen und Versprechungen gefüllt haben. Die Toten, die so tödliche natürliche Tode gestorben sind, gestorben an Masern, Keuchhusten, Denguefieber, Cholera, Thyphus, Tetanus, Lungenentzündung, Malaria und anderen Nettigkeiten in Magen, Darm und Lunge. Unsere Toten, unsere mehrheitlichen Toten, so demokratisch leidend gestorben, weil niemand etwas getan hat, denn alle Toten, unsere Toten, starben einfach so, ohne daß sie jemand gezählt hätte, ohne daß jemand endlich dieses *Ya basta!* – Es reicht! – gesagt hätte, das diesen Toten ihren Sinn wiedergäbe, ohne daß dabei irgend jemand von den ewigen Toten, unseren Toten, verlangt hätte, daß sie zurückkehren, um noch einmal zu sterben, aber diesmal, um zu leben? Die uns das Recht und die Befähigung absprachen, uns selbst zu regieren, die den Respekt vor unseren Gebräuchen, unserer Farbe, unserer Sprache verweigerten, die uns wie Ausländer in unserem eigenen Land behandeln und von uns Dokumente verlangen und die Befolgung eines Gesetzes, dessen Existenz und Gerechtigkeit uns unbekannt ist? Die uns gefangen nahmen, folterten, ermordeten und verschwinden ließen, weil wir das schwere Vergehen begangen haben, ein Stück Land zu wollen, kein großes Stück, nein, nur ein kleines Stück, eine Ecke, aus der etwas herauszuholen ist, um ein klein wenig in den Magen zu bekommen?

Wer muß um Vergebung bitten? Der Präsident der Republik? Die Minister? Die Senatoren? Die Abgeordneten? Die Gouverneure? Die Gemeindevorsteher? Die Polizisten? Die Bundesarmee? Die Bankbesitzer, die Industriechefs, die Handelsherren und Landbesitzer? Die politischen Parteien? Die Intellektuellen? Galio und Nexos[1]? Die Massenmedien? Die Studenten? Die Lehrer? Die Nachbarn? Die Arbeiter? Die Bauern? Die Indianer? Die Toten nutzloser Tode? Wer muß um Vergebung bitten, und wer kann sie gewähren?

Der neue Mensch ist nicht in der EZLN

Ist der Übermensch oder der neue Mensch in der EZLN zu finden? Nein, bestimmt nicht. Nein, er ist nicht hier, es ist nur unser kollektives Wesen, dem sich unsere Kleingeistigkeit und Schäbigkeit unterordnet, da bin ich ganz sicher.

Das Geheimnis besteht darin, die Fahne zu suchen, die uns eint

Die einzige Form, um zum Triumph des friedlichen Übergangs in die Demokratie zu gelangen, besteht darin, daß die Bewegung massenhaft ist, organisiert ist und sich auf allen Ebenen bewegt. Das Geheimnis dabei ist, die Fahne zu finden, die uns eint und nicht die, die uns trennt. Deshalb sagen wir, wir müssen uns zuerst darüber einig werden, was wir nicht wollen, und danach darüber, was wir wollen. Wenn wir die Staatspartei nicht wollen, wenn wir kein Präsidialsystem wollen, wenn wir nicht diese Kultur des Zwangs wollen, die sich bereits überall widerspiegelt, selbst auf der kulturellen Ebene, die ja eigentlich die mit der größten Autonomie sein sollte, dann

1 Regierungsnahe Intellektuellenzeitschrift

müssen wir uns zusammentun, um mit all dem auf die am wenigsten kostspielige Art Schluß zu machen.

Unser Programm setzt auf das Leben und nicht auf den Tod

Die Ursachen, die die Bewegung hervorgerufen haben, sind gerecht und real. Man kann höchstens den eingeschlagenen Weg anzweifeln, die Ursachen aber nicht.

Man hat uns gesagt, daß man auch ohne Krieg so weit kommen kann. Daß es möglich ist, daß der Frieden die Tür der Hoffnung für unsere Völker öffnet.

Wir sind bereit zu sehen, ob sich eine andere Tür öffnet. In diesem Sinne haben wir der Regierung unsere Forderungen mitgeteilt: Demokratie, Freiheit, Gerechtigkeit.

Unser Projekt zielt nicht auf einen absurden Tod, sondern auf das Leben. Wenn es andere Möglichkeiten gibt, das zu erreichen, werden wir sie ergreifen.

Die EZLN und der Krieg

Der Krieg ist ein Mittel der Verzweiflung

Wir sind keine Befürworter des Krieges. Wenn wir sagen, daß der Krieg ein Mittel der Verzweiflung ist, dann weil er es wirklich ist. Deshalb sind die Leute, die den Krieg führen, verzweifelt und deshalb sind wir „bezaubernd", denn wir sind verzweifelt. Es ist uns egal, ob wir sympathisch sind, wir müssen uns nicht ständig Gedanken darüber machen, ob man uns mag oder nicht. Es heißt, daß meine Witze sehr schlecht sind, aber das ist mir scheißegal.

Das Militärische ist das Absurdeste, was es gibt

Wir haben uns nicht zehn Jahre auf die bewaffnete Erhebung vorbereitet. Wir haben uns zehn Jahre auf das Kämpfen vorbereitet. Erst bei dieser Abstimmung 1992 haben wir gesagt: „Laßt uns sie angreifen." Also, was ich euch klarmachen möchte, ist, daß für mich ein Militär das Absurdeste ist, was es auf der Welt geben kann. Es sind die absurdesten Menschen, uns eingeschlossen, ehrlich.

Du kannst weder mit einem Viehzüchter von Altamirano* noch mit einem Militär sprechen, man kann sich nicht vernünftig mit ihnen auseinandersetzen, es geht nicht. Sie sind einfach absurd. Ein Militär gibt einen Befehl und der wird befolgt, und er wird nicht zulassen, daß über seinen Befehl diskutiert wird. Als Militär kannst du nicht zulassen, daß die Truppe über die Befehle diskutiert. Diese Entscheidung – zum Beispiel, über die rechte Flanke anzugreifen – ist eine Entscheidung über Leben und Tod, das ist absurd und noch absurder ist es, daß du nicht mitkriegst, daß es absurd ist.

Wir sind Soldaten, die keine Soldaten sind

Wir sind Soldaten geworden, damit eines Tages keine Soldaten mehr nötig sind. Wir wählten diesen selbstmörderischen Weg, den eines Berufes, dessen Ziel in seinem eigenen Verschwinden besteht. Soldaten, die Soldaten sind, damit eines Tages niemand mehr Soldat werden muß. Und es ist wegen dieser Fahne, daß wir Soldaten geworden sind.

Wir haben immer darauf bestanden, daß wir „Soldaten sind, die Soldaten sind, damit es nicht notwendig ist, daß es Soldaten gibt." Und wenn wir sagen, daß wir nicht die Macht wollen, dann deshalb, weil es nicht angeht, daß ein Militär die Befehlsgewalt über eine Gesellschaft hat. Denn ein Militär gründet seine Macht auf seinen Rang, auf die Kapitäne, Majore, Oberleutnants. Wer einen militärischen Rang hat, wird nicht gewählt: er wird eingesetzt. Stell dir vor, was für eine Grausamkeit es ist, über den Tod von jemand oder etwas zu entscheiden, und was für ein Kampf das ist: Leben oder Tod. Das Schlimmste, was passieren kann, ist ein Militär auf einem Regierungsposten, uns eingeschlossen. Das Militärische ist die anti-demokratischste und unmenschlichste Logik, die es gibt. Deshalb tanzen wir ganz oft, um zu kompensieren. In diesem Sinne hat die EZLN einen Willen zum Selbstmord, nicht in dem Sinne, daß wir uns umbringen, sondern daß wir als Militärs verschwinden. Unser einziger Vorteil ist, daß wir uns bewußt sind, daß es eine Dummheit ist, was wir machen. Wir wollen keine Militärs bleiben.

Wir sehen den bewaffneten Kampf nicht im klassischen Sinne der früheren Guerillas, also als wäre der bewaffnete Kampf der einzige Weg, eine einzige allumfassende Wahrheit, um die sich alles gruppiert, sondern wir haben von Anfang an den bewaffneten Kampf als Bestandteil einer Reihe von Kampfprozessen oder -formen begriffen, die sich verändern; manchmal ist eine Form wichtiger und manchmal die andere.

Das Ejército Zapatista de Liberación Nacional, eine indianische Bewegung

Die EZLN ist eine Aufstandsbewegung, deren Führung mehrheitlich indianisch ist: Tzotzilen, Tzeltalen, Cholen, Tojolabalen, Zoquen und Mamen.

Es gibt in der EZLN keine klar definierte Ideologie im klassischen Sinne des Wortes: Marxismus-Leninismus, Sozialkommunismus, Castrismus … Es gibt vielmehr einen gemeinsamen Verbindungspunkt bezüglich der großen nationalen Probleme, der sich im Fehlen von Freiheit und Demokratie zusammenfassen läßt.

Zwei Jahre Vorbereitung für diesen Tag

Für uns stellte der 1. Januar [1994] eine radikale Veränderung dar. Wir hatten uns zwei Jahre lang auf diesen Tag vorbereitet, und wie bei jedem Debüt denkst du die ganze Zeit: Bin ich gut vorbereitet? Fehlt nicht noch was? Sollten wir nicht noch etwas warten und uns besser vorbereiten? Ist es wirklich jetzt angebracht? Sind wir bereit? Das waren die großen Fragezeichen, die an diesem 31. Dezember gemalt wurden und die sich mit dem dringenden Wunsch der Erfüllung eines Traums mischten, den wir seit langem hegten: dem Land und der ganzen Welt sagen zu können, hier sind wir, das wollen wir. Das ist der volle Preis, den wir im voraus für diesen Tag zu bezahlen hatten.

Mit dem heutigen Abstand ist es zum Lachen, daß wir zum Beispiel beinahe Tuxtla[1] anstelle von San Cristóbal angegriffen hätten, denn unsere Truppe kennt die Stadt nicht, so daß wir fast eine Landstraße nach rechts genommen hätten anstelle der Straße nach links, und wo wir dann ganz woanders herausgekommen wären. Wenn uns das passiert wäre, vergiß es, es wäre ein endloser Abgang geworden und hätte sehr viele Menschenleben gekostet.

Wir haben zu kämpfen gelernt, aber niemals wirklich gekämpft. Außerdem begaben wir uns auf ein fremdes Terrain: das Terrain des Feindes, das städtische Terrain, mit einer gewaltigen Tradition von Rassismus und Unterdrückung. Auch bestand die Gefahr, daß die Truppe über die Stränge schlägt und jahrhundertealte Rechnungen mit dem Rassismus, der Verachtung, der Unterdrückung, den Erniedrigungen zu begleichen beginnt. Das erklärt die Art

1 Vollständiger Name: Tuxtla Gutiérrez, die Landeshauptstadt von Chiapas und Weise, wie die Compañeros die Rathäuser zerstörten oder die Polizeikasernen ansteckten. Alle waren schon einmal in diesen Polizeizentren gewesen. Sie sind dort gefoltert, erpreßt und erniedrigt worden. Auf die eine oder andere Weise identifizieren sie die Macht, die sie in dieser Lage hält, mit der politischen Macht, in diesem Fall mit den Rathäusern.

Das war ein Problem, denn wir haben auf der gerechten Behandlung der Zivilbevölkerung bestanden, darauf, daß wir sie schonen müssen, weil wir eine Armee sind und keine Horde von Räubern oder eine Gruppe von Racheengeln. Es war fast so was wie ein Glücksspiel, ob sie das verstehen oder nicht. Aber es ging gut aus, es gab weder Ausschreitungen gegen die Zivilbevölkerung, noch haben wir ihr irgend etwas angetan.

Ein Gespenst geht um in Chiapas

Ein Gespenst machte die Runde, vor allem in der Bevölkerung von San Cristóbal und Ocosingo: An dem Tag, an dem die Indianer bewaffnet dorthin kommen würden, würden sie mit Blut und Feuer all die Erniedrigungen zurückzahlen, die ihnen angetan wurden. Diese Art von Leuten hegt ein Gefühl der Überlegenheit, der gehobenen Abstammung, also rassistische Gefühle. Ich glaube nicht, daß es einen großen Unterschied zwischen dem Weißen aus Südafrika vor ein paar Jahren und dem mittleren und großen Landbesitzer oder Händler aus Chiapas im Jahr 1994 gibt. Der eine gegenüber den Schwarzen, der andere gegenüber den Indios.

Am frühen Morgen des 2. Januar stellten sich andere Zweifel ein. Wie sollen wir auf die Reaktionen der Regierung reagieren? Was werden wir machen? Werden unsere Rückzugspläne eingehalten? Wieviele Verluste wird es geben? Denn wir hatten den 1. Januar ohne einen einzigen Toten überstanden. Aber am zweiten begannen die Probleme: die Kämpfe im Süden von San Cristóbal, in Rancho Nuevo und in Ocosingo und danach der ungeordnete Rückzug unserer Truppen in den lakandonischen Urwald, die Vorbereitung der Verteidigung und des Widerstands, und alles, was danach kam. Sagen wir mal, daß die Uhr am 31. sehr langsam lief, am 1. lief sie langsam, und am 2. fing sie an sich zu beschleunigen, sie lief schneller und schneller …, die Uhr der Geschichte. Und nach dem Inkrafttreten der Feuerpause wird sie wieder langsamer, du trittst allmählich wieder in einen anderen Zeitrhythmus ein, der durch das Tageslicht bestimmt wird.

Wenn sie auf dich schießen, fühlst du, wie dir ganz flau wird. Mir nimmt es den Hunger. Andere bekommen Hunger. Aber dann konzentrierst du dich auf den Mechanismus der Feuererwiderung, und dann merkst du nichts mehr und hast auch keine Angst mehr. Bis du dich später erinnerst. „Verdammt, wie konnte ich nur so idiotisch sein, allein nach vorne zu stürmen, ohne Flankenschutz." Du merkst, wie dir ganz flau wird vor Angst, das ist die Wahrheit.

Es kam zu einem Riesendurcheinander und uns wurde klar, daß wir kämpfen konnten

Ich werde eine Geschichte erzählen, die ihr mir nicht glauben werdet. Am 20. Mai 1992 trommelten wir in einem kleinen Dorf im Urwald 5000 bewaffnete Leute für ein Fest zusammen, nur, um zu sehen, ob wir sie zusammenbringen konnten. Für diesen Tag sollte jeder Kämpfer einen Knallkörper, eine Feuerwerksrakete und ein Kienholzstäbchen mitbringen. Auf einen Befehl sollten alle Feuerwerksraketen gezündet werden, und auf einen anderen alle Kienhölzer. Die Idee war zu zeigen, daß wir ganz viel Licht machen können. Aber dann kam es zu einem Riesendurcheinander, denn ich war auf der Tribüne und sagte: „Steckt nicht die Raketen an"; und hinten fragten sie: „Was hat er gesagt?" „Wir sollen sie anstecken", sagten andere. Sie zündeten sie an, und es kam zu einem Riesendurcheinander, viertausend leuchtende Raketen am Himmel. Danach steckten wir die Kienhölzer an, und da wurde uns klar, daß wir sehr wohl kämpfen konnten, daß wir zusammenkommen können, um zu kämpfen.

Demokratie im Inneren der EZLN: Wer seine Aufgabe nicht erfüllt, wird abgesägt

Was die Compañeros hier praktizieren, ist das, was man den Gemeinschaftsbeschluß nennt. Die Versammlung des *ejido*[1] oder der Farm tritt zusammen, und es heißt: wir werden diese Arbeit machen. Zuerst stellen sie das Programm auf, und danach entscheiden sie, wer es macht. Sie verbringen viel Zeit mit der Diskussion darüber, was gemacht werden soll. Aber sie streiten nicht darüber, wer es machen soll, denn es ist ihnen scheißegal: weil sie ja wissen, daß derjenige, der seine Aufgabe nicht erfüllt, einen auf den Deckel bekommt. Da ja klar geworden ist, was sie machen, kann der mit der Ausführung Beauftragte es schnell erledigen. Wenn er es nicht schafft, entziehen

1 (Bis zur Verfassungsänderung 1992) unverkäufliches Gemeindeland, das gemeinsam bewirtschaftet wird

sie ihm schnell die Verantwortung und setzen einen anderen ein.

All die Zeit, die sie dafür aufbringen, um zu definieren, wie die Aufgabe auszusehen hat, sparen sie, wenn sie bestimmen, wer sie auszuführen hat. Das geht ganz schnell und ohne größere Geschichten von wegen, warum ich und nicht der andere. Den Leuten ist es ziemlich egal, wer es macht, wirklich, es ist ihnen egal, denn wenn jemand Scheiße gemacht hat, muß er sich vor der Versammlung verantworten.

Die Leute aus dem Komitee sind ganz harte Brocken

Die Abstimmungen werden protokollarisch festgehalten. Die Compañeros kommen zu einer Versammlung zusammen, treffen eine Entscheidung und halten in einem Protokoll fest, wie viele mit Ja und wie viele mit Nein gestimmt haben. Als die Abstimmungsentscheidung für den Krieg fiel, hatten die Compañeros verschiedene Argumente dafür. Einige waren gegen das Freihandelsabkommen, weil es der Ausverkauf des Landes sei. Andere meinten, daß die Regierung ihre Versprechungen nicht erfüllt habe und daß jetzt schon lange genug auf der Ebene juristischer Formalitäten gekämpft worden wäre. Andere sagten, daß sie Land brauchten. Für die verschiedenen Sachen wurde allmählich der gemeinsame Nenner gefunden: der Krieg mußte geführt werden. Die Versammlungsprotokolle sind sehr bezeichnend in dem Sinne, wie verschiedene Argumente die Compañeros zur selben Schlußfolgerung führten.

Bei der Abstimmung gegen den Vorschlag von Camacho* wurde genauso verfahren: Sie kommen in einer

Versammlung zusammen und studieren das offizielle Schriftstück. Das war vielleicht ein Jux. Ich war bei einigen Versammlungen, in denen sie den Vorschlag analysierten, und es war ein einziges Gelächter, denn was da stand, war ihnen schon früher gesagt worden. Hier kamen die Alten zu Wort: „Nein, niemals; das haben sie schon erzählt, als Patrocinio dran war, und als Juan Sabines dran war und als Velazco Suárez[1] dran war." Sie erinnerten sich an alles: „Dasselbe, was hier steht, haben sie mir schon früher gesagt, und hier bin ich. Mache ich vielleicht den Eindruck, als hätte ich eine Schulbildung erhalten und all das, was sie versprechen?"

Sie nahmen das alles nicht ernst und zwar in dem Sinne, daß sie sagten, „das ist ein Witz, die Regierung schmiert uns an, das kann nicht ihr Ernst sein, was sie uns da sagt." Das war die einstimmige, erdrückende Reaktion. Dann ergab sich in der Diskussion das Problem, was jetzt zu machen sei. Und dabei kam es zu einem Riesenkrach, denn in den ersten Diskussionen wurde vor allem die Ansicht vertreten, daß man die Offensive wieder aufnehmen müßte, daß man wieder angreifen müßte, daß die Regierung nur diese Sprache verstünde, daß man sie stürzen müßte. Aber es gab einen anderen Teil, der sich dagegen sträubte, der meinte, daß man sehen müsse, was passiert sei, daß man analysieren müsse, welche anderen Faktoren in dem Konflikt aufgetreten seien.

In der Mehrheit der Siedlungen wurde sich gegen die Unterzeichnung des Friedensabkommens ausgesprochen, einige empfahlen, keinen Dialog mehr zu führen. „Sprich nicht mehr mit der Regierung", sagten sie mir. Aber fast alle delegierten die Entscheidung über den nächsten Schritt an das Komitee, nur sehr wenige taten das nicht.

1 Frühere Gouverneure von Chiapas

Im Komitee gab es einen Teil, der für den Angriff war, und der andere wollte die Wirkungen und die Reaktionen bewerten, die es in der Gesellschaft gegeben hat.

Diese Entscheidungen kommen von unten, aber ab einem bestimmten Punkt stoßen sie an eine Wand, da es Angelegenheiten der Ethnie sind, das heißt, es gibt ein Komitee der Ethnie der Tzeltalen, ein anderes der Tzotzilen, eines der Cholen, eines der Tojolabalen, und in dem eigentlichen Komitee, also im obersten, müssen die Leute großes politisches Geschick haben, denn sie müssen sich unter den verschiedenen Ethnien einigen, und diese Leute da oben sind verdammt gewitzt.

Ab und zu kriege ich kräftig einen auf den Deckel

In diesem Komitee werden die gleichen Probleme behandelt, aber unter anderen Gesichtspunkten. Wirklich, die Leute im Kommandanturkomitee sind ein absoluter Hammer, sie haben wirklich das Sagen. Es sind Leute, die brauchen nur zu sagen: „Auf gehts, runter in die Schlucht", und alle gehen in die Schlucht. Das sind Leute, die unglaublich viel Prestige an der Basis haben. Dort gibt es tatsächlich verschiedene Zapatas, aber richtige. Das Problem ist, daß sie reichlich Schiß davor haben, Spanisch zu reden, also daß sie Angst haben, was zu verwechseln, daß sie Arsch sagen anstelle von Auge, wirklich. Genauso geht es mir vor ihnen, wenn ich in ihrer Sprache spreche, was zudem eine Frage des Protokolls ist. Wenn mit der Gemeinschaft gesprochen wird, sind sie es, die sprechen, denn sie sind die Führer. Aber wenn es darum geht, Spanisch zu sprechen oder zu schreiben, sprechen sie nicht, wenn ich dabei bin. Sie verarschen mich, aber wenn ich Mist baue, geben sie mir kräftig einen auf den Deckel … Ich erinnere mich an die Geschichte mit dem Kondom[1], da haben sie mich ziemlich kritisiert, und bei der Geschichte mit dem Bein in San Cristóbal[2] auch.

Bevor die Kathedrale von San Cristóbal de Las Casas auf diesem Boden errichtet wurde, lebten und herrschten diese Menschen bereits hier, vernünftig und rechtmäßig. Nur wenn man in den indianischen Gemeinschaften lebt, sieht man, wie einfach und wirksam Demokratie sein kann, und wie sie einer anderen Welt entgegensteht, die eher zu geheimen Abkommen, zu Kniffen und Tritten in den Hintern neigt.

Sicherheitsmaßnahmen der EZLN

Wenn die oberste Alarmstufe ausgerufen wird, heißt das, daß der Feind in jedem Moment dasein kann. Als erstes suchen dann die Kämpfer aus, was sie mitnehmen, und das Wichtigste wird irgendwo am Körper untergebracht. Das Zweitwichtigste kommt in den Rucksack. Das Drittwichtigste wird irgendwo versteckt und das Viertwichtigste verbrannt. Das Wichtigste für die Kämpfer ist das, was zum Kämpfen gebraucht wird, danach das, was zum Essen und Schlafen dient, was in den Rucksack kommt, und zum Schluß, Briefe von der Familie, Liederhefte – denn die zapatistischen Soldaten sind leidenschaftliche Sänger – Gedichtsammlungen, Geschichtsbücher und Fotos.

1 Schon im Februar 1994 wurden in Chiapas neue Kondome verkauft mit Namen „alzado“, was zugleich Aufständischer und Steifer heißt; darüber hat sich Marcos amüsiert, die anderen Zapatisten haben sich aber geärgert.

2 Vor sehr vielen wartenden (Foto-)Reportern hat Marcos einmal sein blankes Bein gezeigt, indem er in koketter Pose das Hosenbein hochzog. Er ironisierte damit seinen vermeintlichen Sex-Appeal.

Ich mußte ihre Sprache lernen

Dann mußte ich auch die Sprache lernen, denn sie alberten vor mir herum, sie machten sich über mich lustig, und es ist ja nun alles andere als angenehm, wenn sie vor dir über dich sprechen und du nicht weißt, was sie sagen und worüber sie lachen.

Aus Gründen des Überlebens mußt du als erstes die Schimpfwörter in den vier Sprachen lernen. Das Chol ist am schwierigsten, es hat eine sehr schwierige Aussprache, die die anderen Compañeros einfach nicht hinkriegen. Die Tzotzilen lernen allerdings schnell tzeltal und die Tzeltalen tzotzil, das Tojolabal ist sehr ähnlich. Aber niemand packt das mit dem Chol. Die Cholen allerdings lernen die anderen Sprachen. Alle Cholen, die es hier gibt, sprechen alle vier Sprachen und auch Spanisch. Deshalb waren sie sehr empört, als es in den Medien hieß, daß sie einsprachig seien.

Es dauert ewig, bis jemand als Compañero bezeichnet wird

Es gibt Dinge, die wir nicht machen können. „Komm, ich lade dich zu einem Fest meiner Gewerkschaft ein“, sagt man mir, und ich kann nicht zum Fest ihrer Gewerkschaft gehen. Oder: „Komm, wir machen eine Demo in Mexiko-Stadt, wir wollen, daß du dort sprichst“, das kann ich nicht machen. Oder der nordamerikanische Kongreß: „Komm und leg uns dar, was du über die Lage in Mexiko denkst“; oder: „Komm zu mir nach Hause“. Denn es gibt Leute, die uns einladen, mit ihnen und ihrer Familie, den Nachbarn ... zu essen. Wir können das nicht machen, wir hätten zu viele Einschränkungen.

Für die Mitglieder der EZLN befinden sich die Compadres[1] ganz unten in der Rangfolge, obwohl es sehr viele Familienbeziehungen gibt. Dann folgt der Bruder, der sich auf einer höheren Stufe befindet und schließlich der Compañero. Wenn sie dich als Compañero betrachten, hast du es geschafft. Aber bis sie zu jemandem Compañero sagen, lassen sie ihn ganz schön lange hängen ...

Wenn die Forderungen erfüllt werden, wofür dann die Waffen?

Wir können nicht die Waffen im Austausch gegen ein neues Versprechen abgeben; wir können sie schweigen lassen, sie wegstecken und dadurch die Möglichkeit eröffnen, daß dieses Versprechen erfüllt wird. Aber wir können nicht das einzige abgeben, was uns bleibt: wir haben weder Land noch ein Dach überm Kopf, noch Erziehung oder Gesundheit. Einfach nichts. Wir haben nur eine Waffe, die außerdem aus Holz ist, was wollen sie denn damit?

Wir haben nur das, aber wir sind bereit, eine Chance zu geben, daß erfüllt wird, was wir fordern. Wenn unsere Forderungen erfüllt werden, sind die Waffen nicht mehr erforderlich, aber nur, wenn sie erfüllt werden. Die Aushändigung der Waffen kann keine Voraussetzung sein, das machen wir nicht. Auf jeden Fall werden wir sie als Brennholz für das Herdfeuer benutzen, denn die Waffen sind ja Stöcke, wie man sagt.

Wenn die Probleme umfassend gelöst werden, hat die EZLN keine Daseinsberechtigung mehr. Sie ist nicht entstanden, um die Macht zu ergreifen oder sich auf den Po-

1 Eine Mischung aus Pate und sehr gutem Freund

sten eines anderen zu setzen, sondern damit bestimmte Forderungen erfüllt werden. Wenn die Forderungen erfüllt werden, wofür dann die Waffen? Wenn sie erfüllt werden! Und nicht, wenn man uns nur verspricht, daß sie erfüllt werden!

Die EZLN hat das Land Würde gelehrt

Was die EZLN das Land gelehrt hat, ist Würde. Die EZLN hat eine Handvoll Leute und eine Handvoll Waffen genommen und dem Land gesagt: Hier sind wir. Die Lektion ist letztendlich dieses *Ya basta!**, immer unter demselben zu leiden, ohne etwas zu sagen. Am auffälligsten ist, daß diese Lektion von denen gekommen ist, die am wenigsten kulturell gebildet sind, den isoliertesten, die am wenigsten zum Land gerechnet wurden, denn die EZLN richtet sich nicht an den Gemeindevorsteher oder Gouverneur, sie wendet sich ans ganze Land. Das ist wie ein Postskriptum, das an alle Mexikaner gerichtet ist, und eine Lektion der Scham. Das ist die Hauptlektion.

Die EZLN ist eine Armee, die scheinbar militärisch lokal beschränkt ist, aber in ihrem Willen, ihren Forderungen und Absichten national denkt. Und so wissen wir uns auch zu helfen, obwohl wir hier im letzten Winkel des Urwalds sitzen.

Es gibt noch andere Kräfte wie die EZLN

Wir denken, daß es sehr wohl noch andere militärisch organisierte Kräfte wie die EZLN in anderen Teilen des Landes gibt. Es soll noch andere bewaffnete Gruppen geben, aber sie sind wie wir noch in einer Wartestellung, um zu sehen, ob es noch einen anderen Weg, eine andere Tür gibt. Auf jeden Fall wissen sie, was ein Krieg kostet, und wenn sie noch warten, ist es aus dem Grund, daß es vielleicht für sie besser ist. Aber wir haben Berichte über Guerillas, die sich auf bewaffnete Aktionen innerhalb des Landes vorbereiten und das Geschehen aufmerksam beobachten.

Der Golfkrieg fand jenseits von Tuxtla statt

Als der Golfkrieg ausbrach, waren die Compañeros beunruhigt: „Das wird doch nicht das Ende der Welt sein, denn nun wird der Krieg der Gringos anfangen, und sie werden mit Bomben um sich werfen“. Verdammt, alle waren ganz schön besorgt, sie hielten Messen ab, beteten Rosenkränze und so'n Zeug. Bis jemand von dem Komitee plötzlich wissen wollte: „Gut, und wo liegt denn der Irak?“ „Nun, reichlich weit weg.“ „Aber wie weit weg?“ „Hm, also sehr weit weg.“ „Aber liegt er hinter Tuxtla oder mehr hierüber?“ „Na, ein bißchen weiter weg.“ „Ah, dann gibt es ja auch kein Problem.“ Und damit war das Problem des Golfkriegs beendet.

Einen Haufen Verzweiflung zusammenbringen und organisieren

Die Betrogenen und Verzweifelten müssen sich organisieren. Sie müssen ihre Verzweiflung organisieren wie wir die unsere. Wir sind an einer politischen Option verzweifelt, andere an Lebensbedingungen, andere an rassistischer Diskriminierung, andere an sexistischer Diskriminierung, andere an der Diskriminierung ihrer Geschichte.

Wir haben einen Haufen Verzweiflung zusammengebracht, ihn organisiert, und das Ergebnis war eine Hoffnung. So wurde die EZLN geboren.

Seine Verzweiflung organisieren kann jeder, das ist weder etwas Außergewöhnliches, noch braucht man viele Dinge dazu, weder ausgeklügelte Waffen noch den ganzen Unsinn, den die Generalstaatsanwaltschaft erzählt hat. Man braucht Herz, Bewußtsein und Klarheit darüber, was man will. So wie es im Gedicht von Paul Eluard heißt: „Um glücklich zu sein, muß man nur klar sehen und kämpfen. Dann läßt sich sehr wohl der Himmel im Sturm erobern.“

Die Berge

Die Berge sind gut, fragt doch die Bundessoldaten

Doppelbödigkeiten und Lügen sind nicht sehr verbreitet in den Bergen. Es ist schwierig, die Berge entblößen dich, du kannst nicht vorgeben, etwas zu sein, was du nicht bist, denn das wird sofort bemerkt. Die Berge bewirken, daß deine guten Seiten sehr groß werden und deine Mängel auch. Die Berge sind sehr radikal in dieser Hinsicht. Sie verpflichten das menschliche Wesen – Mann oder Frau –, ehrlich zu sich selbst und zu den Menschen zu sein, mit denen du lebst. Die Berge sind gut, fragt doch die Bundessoldaten.

Wenn du ein Schweinehund bist,
kommt es dort garantiert raus

Was kannst du denn in den Bergen verheimlichen? Du bist Tag und Nacht mit der Truppe zusammen, wenn du ein Schweinehund bist, kommt das garantiert raus. Du kannst noch nicht einmal beim Essen egoistisch sein. Wie willst du verheimlichen, daß du mehr ißt? Mit der Arbeit ist es das gleiche, denn jeder kriegt mit, wenn du dich rumdrückst. Bei einer Schlacht merken sie auch, ob du kämpfst oder ob du dich dummstellst. Gleichzeitig verstärkt sich in den Bergen das Schlechte, das wir in uns tragen, ungemein, es wird dort sehr deutlich; und das Gute, wenn es dich interessieren sollte, kommt dort auch stärker heraus. Es gibt Dinge, wo du dich zurückhälst, bei denen du spürst, daß du sie nicht machen kannst, weil das Kollektiv Druck auf dich ausübt. Wenn du Lust hast, Zucker zu essen, kannst du hingehen und Zucker essen, aber du spürst, daß das nicht geht, weil er rationiert ist; oder du bist sehr müde und willst dich schlafen legen, und alle sehen dich rumliegen.

Wir ließen ihn zwei Tage ohne Wasser

Es gibt eine sehr giftige Schlange mit dem Namen Nauyaca, wenn du von ihr gebissen wirst, stirbst du. Als wir in die Berge kamen, gab es keine Unterstützung aus den Dörfern; wenn es kein Essen mehr gab, warst du angeschmiert. Damals aßen wir alles mögliche: Tlacuaches (eine Art Beutelratte), Mäuse und Nauyacas, wir lernten, Schlangen zu essen. Als sich die ersten Indianer den Guerillagruppen anschlossen, wollten sie keine Nauyaca essen, denn sie glaubten, sie würden sich vergiften.

Die Nauyaca schmeckt wie gebratener Fisch. Die Indianer sagten, daß es der Teil nahe des Kopfes ist, der das Gift enthält. Wenn das Tier geköpft war, wußte man nicht, welche der beiden Enden das Kopfende war. Das war eine authentische Bewußtseinskrise.

Die Geschichte mit der Schlange war der klassische Streich, den wir den Neulingen spielten. Wir erklärten ihm: „Also, ein Ende ist giftig, und da wir hier alle Compañeros sind, erwischt es nun mal den, den es erwischt.“ Dann teilten wir die Portionen auf und aßen vor den anderen (da es kein anderes Essen gab, mußtest du essen, was es gab). Danach begann einer mit der Zunge zu schnalzen und sagte: „Hm, ich hab das Kopfteil nicht gehabt.“ „Hm, ich auch nicht.“ Danach schauten wir alle den Neuling an und meinten zu ihm: „Nur einen Rat können wir dir geben: trink kein Wasser, denn wenn du Wasser trinkst, wirst du bald sterben.“ Und wir ließen ihn zwei Tage ohne Wasser. Wir waren Halunken.

Was die Journalisten nie fragen

Mäuse haben wir auch gegessen. Wenn die Fußmärsche sehr lang waren, haben wir auch Urin getrunken. Wir wechselten uns beim Pinkeln ab, damit wir uns nicht alle gleichzeitig das Wasser entzogen. Der auch pinkeln mußte, mußte es aushalten, bis er an der Reihe war. Das ist die Seite, die kein Journalist wirklich wissen will. Sie fragen uns nicht nach der langen Zeit, seit wir eine Guerilla sind. Sie fragen uns nach der Zeit von Januar bis heute, reden über Sex Appeal und diesen Schwachsinn … Das andere ist die wirkliche Geschichte, die Geschichte, die nicht erzählt wird.

Sie haben mir all das beigebracht

Die Anfangsgruppe in den Bergen war sehr klein, es waren fünf Leute. Drei davon waren Indiobauern, und sie waren es, die mir all das zeigten und mich auf die Probe stellten. Wenn du aus der Stadt kommst, wollen sie sehen, ob du es kannst. Sie zwingen dich, mit ihnen Schritt zu halten, du mußt tragen, was sie tragen, und wenn es dir gelingt und du es lernst, akzeptieren sie dich in der Gruppe, moralisch gesehen, auch wenn du politisch und faktisch bereits drin bist. Du wirst erst als Teil der Berggruppe angesehen, wenn du dich auf gleicher körperlicher Ebene mit ihnen befindest, auch wenn du politisch bereits integriert bist.

Sie zeigten mir, wie man von den Bergen lebt, wie man jagt, Tiere verfolgt, sie erkennt, wie man Giftpflanzen und die eßbaren unterscheidet, sie zeigten mir die wasserreichen Pflanzen – denn es gibt Orte, wo es kein Wasser gibt und die Flüssigkeit aus Pflanzen aufgenommen werden muß –, sie erklärten mir die Geräusche der Nacht; und in diesem ganzen Prozeß erzählten sie mir auch viele Berggeschichten, Geschichten aus den indianischen Bergen.

Zum Beispiel sagten mir die Bauern-Compañeros: „Hm, ich zeige dir, wie man jagt." „Na prima", meinte ich, „und was mache ich?" „Du achtest darauf, was ich mache." Dann erlegten sie das Tier, und ich ging hin und lud es auf, und so gingen wir zurück, ich mit dem Tier beladen, aber sie gaben mir nicht die Waffe. Bereits in der Küche angelangt, fragte ich sie: „Und nun?" „Also jetzt mußt du es ausnehmen, vorbereiten." Danach mußte ich es also häuten, die Gedärme herausholen. „Und nun?" „Jetzt mußt du es kochen." Und schon hatte ich es im Topf. „Nun mußt du warten, bis es fertig ist, denn der gute Jäger zeigt sich erst, wenn er das Gericht zubereitet hat, sonst ist er nichts wert." Sie wollten mich wohl auf den Arm nehmen. Bis sie mich schließlich akzeptierten und mich jagen ließen. Aber, verflucht, was haben sie alles mit mir gemacht. Da ich aus der Stadt kam, wurde ich in jeder Beziehung auf die Probe gestellt.

Es dauert sehr lange, ein Essen zuzubereiten

Du brauchst sehr lange, um ein Essen zuzubereiten. Du mußt das Wasser von sehr weit herholen, denn die Lager sind nicht in der Nähe der Flüsse und Bäche. Du mußt Holz hacken und die Teller gut spülen, denn in einer so großen Truppe verbreitet sich eine Krankheit wie ein Lauffeuer und kann alle flachlegen. Auch das Kochen über offenem Feuer nimmt sehr viel Zeit in Anspruch, denn das Brennholz mußt du extra holen, deshalb gehst du auch sparsam damit um. Du brauchst drei, vier Stunden, um ein Essen für 20, 30 Kämpfer zu machen und nochmal eineinhalb Stunden, um das Geschirr zu reinigen und zu waschen, denn du mußt auch zum Fluß, zum Bach gehen, um die Teller zu waschen und alles bereit zu haben, um ein paar Stunden später wieder mit der Essenszubereitung anzufangen. In den Bergen essen wir nur zweimal am Tag: ein sehr frühes Frühstück und ein spätes Mittagessen. Das ist der Zeitrhythmus, der das ganze Leben im Urwald bestimmt, nicht nur in den Bergen, sondern auch in den Gemeinschaften.

Wenn die Berge
zu deiner Compañera, zu deiner Geliebten,
zu deiner Freundin werden

Die Compañeros erzählen dir Geschichten von Erscheinungen, Toten, früheren Kämpfen, von vergangenen Dingen, die stark vermischt werden. Manchmal scheint es, daß sie von der Mexikanischen Revolution sprechen – von der vergangenen, nicht von der, die sich jetzt abspielt – zuweilen vermischt sich ihre Erzählung mit der Kolonialzeit, zuweilen scheint es, als würden sie dir von der prähispanischen Zeit erzählen. Aber es gibt keine Zeitbestimmung, sie erzählen dir etwas, und du kannst es in verschiedenen Zeiten ansiedeln. Wenn dir all das beim Schein des nächtlichen Lagerfeuers erzählt wird, du allein bist ohne jemanden an deiner Seite und mit dieser Beziehung zwischen den Bergen und dem Urwald, schafft das eine ganz unbekannte, völlig antiurbane Atmosphäre.

Wenn du das einfangen kannst, wenn es dir gelingt, in diese Atmosphäre einzutreten, dann bist du mittendrin: die Berge sind deine Compañera, deine Freundin, deine Geliebte, oder wie auch immer du es nennen willst, geworden, und sie beginnen an deiner Seite zu spielen und zu kämpfen, plötzlich zeigen sie dir Dinge, die sie dir früher nicht gezeigt haben, plötzlich werden sie freundlicher und akzeptieren dich schließlich. Den ersten Schritt, das Eintreten, machen deine Compañeros, denn sie führen dich praktisch an der Hand, aber sie verlangen Zeit und sagen: „Wenn du dich in dieser Zeit akklimatisiert hast und dich auf meiner Höhe befindest, akzeptiere ich dich aus freiem Willen. Das ist die Befehlsgewalt, die bei uns zählt, das moralische Kommando, und nicht die Sterne, die an deiner Uniform hängen: Ich werde dir helfen, soweit ich kann, aber du mußt auch etwas dazu tun."

Das Eis aus Coyoacán[1], die Tacos[2] von der División del Norte[3]

In den Bergen sprechen wir viel von Zucker, von Zucker und einem Paar trockener Socken, denn immer hast du kaputte Füße und das ist furchtbar. Frierend und mit feuchten Füßen zu schlafen, empfehle ich niemandem. Aufgrund des körperlichen Verschleißes brauchst du viel Zucker, das einzige, was dir der Berg nicht gibt, was du von weit her holen mußt. Wir, die wir aus der Stadt kamen, waren wie besessen davon, es war ein Art von Masochismus. Dann sagten wir: „Hm, also ich erinnere mich an das Eis aus Coyoacán, an die leckeren Tacos von der División del Norte oder an die Tacos al Pastor (gibt es die noch?) in La Otra Carne auf der Insurgentes fast an der Ecke zum Viaducto[3] …"

Wenn du in den Bergen einen Fasan gejagt oder etwas anderes getötet hast, mußt du drei oder vier Stunden warten, bis das Essen fertig ist. Wenn die Truppe sehr verzweifelt ist, wird das Tier roh verschlungen, und am nächsten Tag herrscht kollektiver Durchfall. Es ist ein anderes Leben, du siehst alles auf eine andere Art und Weise.

Sie ließen mich durchfallen, und so bin ich Subcomandante geblieben

Für einen Nichtindianer ist der lakandonische Urwald das Schlimmste, was ihm passieren kann. Schlimmer als eine Fernsehsendung von „24 Stunden"[4]. Wir kamen in einer

1 Beliebtes Stadtviertel, im Kolonialstil, in Mexiko-Stadt
2 Maisfladenimbiß mit Fleisch und/oder Gemüse und scharfer Soße
3 Große Straßen in Mexiko-Stadt
4 Eine offiziöse Nachrichtensendung; mehrmals täglich

Art Lehr-Lern-Prozeß hierher. Die Compañeros zeigten mir, was sie über die Berge wußten, und ich das, was ich wußte. Und so stieg ich allmählich in der Rangfolge: Unterleutnant, Leutnant, Hauptmann, Oberhauptmann und Subcomandante. Dann ließen sie mich die Presseprüfung machen, und dabei fiel ich durch und blieb Subcomandante. Ich hatte keine Geduld mit der Presse.

Die Geräusche der Berge

Die Geräusche der Nacht sind leichter zu unterscheiden und zu erkennen. Am Tag ist dein Blick gewöhnlich abgelenkt, auf andere Dinge gerichtet, und du hängst nicht so sehr vom Gehör, sondern vom Sehen ab; aber in der Nacht ist es vor allem das Gehör. Das Leben eines Guerilleros ist ein gutes Gehör. Wenn du also frisch angekommen bist, hörst du Geräusche, die dich erschrecken, anscheinend passiert etwas, aber wenn du lange Zeit in den Bergen gewesen bist, viele Jahre, lernst du die Geräusche unterscheiden: wenn es im Gebirge regnet, wenn es trocken ist, wenn es ein Tier ist oder ein Mensch, wenn es etwas ist, was nicht in die allgemeinen Geräusche der Nacht paßt; und du lernst wachsam zu sein oder diese Veränderung der Geräusche zu registrieren und dich bereit zu machen für den Fall, daß etwas passiert.

Vor allem in der Nacht sieht der Guerillero mit dem Gehör, aber das kannst du nur machen, wenn du bereits lange Zeit in den Bergen bist, sonst kannst du nicht unterscheiden, was normal ist und was nicht normal ist.

Wir machten Einschleusungsübungen, das heißt, wir schlichen uns an einen Ort, ohne daß derjenige, der sich an dem Ort befindet, dich ausfindig machen oder hören darf. Dann verbanden wir einem Compañero die Augen, und jemand anderes schlich sich von verschiedenen Seiten heran und versuchte, dabei keinen Lärm zu machen. Der Compañero mit den verbundenen Augen mußte auf die Stelle zeigen, wo er etwas gehört hatte und das Geräusch beschreiben. So verfuhren wir mit den Rekruten, die sich noch nicht so lange mit uns in der Überlebensetappe befanden, zu der Zeit, als wir uns nur im Urwald bewegten. Nachdem wir die Waffe des Gehörs entdeckt hatten, um uns in der Nacht zu bewegen, trainierten wir unsere Leute mit verbundenen Augen, damit sie sich an die normalen Geräusche der Nacht gewöhnten.

Das Geräusch der Grillen ist ein Zeichen für Ruhe. Du kannst dabei verschiedene Stufen unterscheiden. Da gibt es einen hohen, manchmal unterbrochenen Pegel, dann andere, die konstant sind, und wieder andere, die einen Moment anheben und danach erlöschen. Dabei können Schritte zu hören sein, Tierstapfen, vom Tepezcuincle, von der Gebirgskatze bzw. dem Ozelot, wie ihr sagt, und von der Beutelratte, die der Hauptfeind der Guerilla ist, weil sie dir das Essen wegfrißt, wenn du schläfst.

Wenn du schon lange in den Bergen bist, kannst du an den Schritten hören, wer sich dir nähert. Ich muß zum Beispiel nachts die Stellungen ablaufen, deshalb kennen die Compañeros meinen Schritt. Du lernst die Schritte von einigen Compañeros zu unterscheiden.

In der Regenzeit gibt es viel Schlamm in den Lagern, weshalb es Wege gibt, wo du nachts nur an einer Seite laufen kannst, denn das übrige ist dichtbewachsener Wald, und außerdem legen wir Fallen. Wenn du also an einer falschen Stelle langläufst, kommt es zu einer unangenehmen Überraschung. Es sind sehr steile Hügel und normalerweise benutzt du kein Licht, denn dann bist du von sehr weit zu sehen. Du läufst blind. Was du am Tag gesehen hast, läufst du nachts aus dem Gedächtnis. Aber dabei passiert es, wenn du nicht richtig auftrittst, wenn du auf einen Ast oder eine Wurzel trittst, daß du stolperst und auf den Boden fällst.

Ein anderer Zeitrhythmus in den Bergen

Du stehst früh auf, aber du legst dich auch früh schlafen. Es gibt nichts mehr zu tun, denn es gibt kein Tageslicht mehr, nur Kerzen. Aber in der Regel benutzen die Compañeros Dochtlampen, das heißt ein Fläschchen mit Petroleum und ein Stück Strumpf. Man muß sorgfältig damit umgehen, denn das Petroleum muß man von weit herholen.

Das Leben in den Bergen, im Dschungel, endet praktisch um sieben Uhr abends und beginnt um vier, fünf Uhr morgens. Über große Zeitabschnitte verläuft der Tag folgendermaßen: Zubereitung des Frühstücks, Training, militärische Übungen, Studium, politische Diskussion, Essenszubereitung, danach kommen die Nachtwachen. Und die am Tag gewacht haben, ruhen sich aus. Es ist ein anderer Zeitrhythmus, der mit dem städtischen nichts zu tun hat.

Wie könnt ihr in den Bergen rumlaufen, wo doch dort die Toten sind

Wenn die Compañeros daran denken, warum die am 2. Januar Gestorbenen gestorben sind, entscheiden sie sich, weiter für ihre Toten zu kämpfen, die, wie sie glauben, in den Bergen sind. Deshalb sagten die Leute zu uns: „Verdammt, ihr seid doch verrückt, wie könnt ihr in den Bergen herumlaufen, wo doch dort die Toten sind.“ Später, als sie sahen, daß uns nichts passiert ist, meinten sie: „Hm, die scheinen miteinander auszukommen.“ Als ihnen klar wurde, daß wir in den Bergen wohnten, begannen sie uns zu achten.

Was die Berge dich vor allem lehren, ist Hoffnung

Die Hoffnung nicht aufzugeben, ist die einzige Möglichkeit, in den Bergen als Mensch zu überleben. Zu denken, daß alles, was dir passiert, Sinn macht. Die Hoffnung, daß das, was in den Bergen geschieht, anonym ist, anonymer noch als eine *pasamontañas*, so anonym, daß dich niemand nach dieser Zeit fragen wird. Die Journalisten fragen dich: „Was sagst du zu Camacho, und was ist mit Salinas*? Wie hast du San Cristóbal angegriffen? Wie fühlt man sich, wenn man im Mittelpunkt steht?“, und ähnliche Dummheiten. Aber niemand fragt nach der Zeit, wo es noch keine *pasamontañas* gab, als es nichts gab und die Berge dir ein Versprechen gemacht haben. Es lautet: „Also diese Schwierigkeiten, dir ihr jetzt habt, werden eines Tages belohnt werden, was du gerade lernst, wirst du einmal benutzen, und es wird zu etwas nützlich sein, nicht für dich persönlich, sondern für das Land, in dem du nun mal – zum Guten oder Schlechten – lebst, in dem du nun mal geboren bist.

Das ist die Erfahrung, auf die wir am 1. Januar mit Leben und Tod gesetzt haben: diese Erfahrung, die uns aus den Bergen heraustreibt, uns in der Umgebung der Städte hält, uns sie einnehmen läßt, uns wieder abziehen läßt, und uns das vertrauenstiftende Gefühl gibt, zu Hause zu kämpfen, mit der starken Waffe der Berge, die wir bereits kennen und von denen wir wissen, daß sie an unserer Seite stehen.

Aber die größte Lehre der Berge ist die Hoffnung. Denn du entzündest dort eine Flamme, die sagt: Es gibt noch eine Hoffnung, daß sich das ändert. Die Berge hüten dieses Flämmchen, sie schützen es vor dem Wind, damit es nicht ausgeht. Diese kleine Flamme steckten wir am 1. Januar an.

Wir benutzen das Bild: die Dunkelheit in diesem Land ist so groß, daß dieses Lichtlein so hell glänzt, nicht weil es groß ist, sondern weil die Dunkelheit so immens groß ist.

Das ist es, was dich die Berge lehren. Ich weiß, daß das halb kitschig oder wie aus einer Fernsehserie klingen mag, aber man muß in die Berge gehen, um zu verstehen, daß jemandem aus der Stadt nichts anderes übrig bleibt, als sich an die Hoffnung zu klammern, denn dort gibt es nichts, nichts anderes.

Unsere Politik

Die EZLN will nicht die Macht

Die Compañeros haben klar und deutlich gesagt, daß die Zapatistische Armee nicht die Macht anstrebt. Warum will man uns zu einer politischen Partei machen, wenn wir nicht die Macht wollen. Wir wollen in Frieden leben, mit Demokratie, Freiheit und Gerechtigkeit.

Wir wollen kein Amt, keinen Gemeindevorsitz, keinen Gouverneurssitz, keine Ministerposten, keine Botschaft und auch nicht die Führung der Republik. Warum sollen wir also eine politische Partei werden? Gibt es nicht schon genug? Ist es denn so unverständlich, daß eine politische Bewegung kein Interesse an politischer Macht hat? Es gibt schon genug politische Parteien. Warum soll es noch mehr geben? Das wollen wir nicht.

Ihr wollt also wirklich, daß wir eine politische Partei werden? Ich sehe mich schon im Sekretariat des Innenministeriums:

– Ich möchte die Registrierung der *pasamontañas*-Partei des Südostens beantragen.

– Und wer sind Sie?

– Ich bin Subcomandante Marcos.

– Und sie, wer ist sie?

– Das ist Comandante Ramona.

– Komm her und laß das Foto für den Wahlberechtigungsausweis machen, aber ohne *pasamontañas*.

Macht uns doch nicht zur politischen Partei. Warum wollt ihr uns als politische Partei? Damit es heißt: Da haben wir es, sie haben sich verkauft, oder? Marcos wollte ja nur, daß sie ihn als Botschafter irgendwohin schicken oder zum Gouverneur ernennen, Ramona wollte das staatliche DIF[1] leiten, David wollte Gemeindevorsteher werden, Camilio wollte zur Bundespolizei. Aber sie haben ihn nicht gelassen, und deshalb hat er zu den Waffen gegriffen.

Die PRI hat gegenüber dem ganzen Land eine große Schuld zu begleichen

Wenn die Bundesregierung an eine politische Partei gebunden ist, kann es keine Demokratie geben, denn es ist eine politische Partei, die von ihr profitiert. Es muß zu einer Änderung im demokratischen System kommen, die gewährleistet, daß es keine Privilegien gibt, daß die politische Option, die die Wahlen gewinnt, sie ohne Zwang und Manipulation gewinnt.

Deshalb haben wir gesagt, daß wir nicht gegen die PRI, PAN, PRD, PPS, PARM*, DIF[1] etc. oder sonst jemanden sind. Wer auch immer von ihnen gewinnt, wird von uns respektiert, aber für unseren Begriff von Demokratie heißt das: einer gewinnt deshalb, weil er dir was angeboten hat und weil er es einlösen muß.

1 Desarollo Integral de la Familia, ein staatliches Kinderschutzprogramm

Es haben sich unglaublich viel Groll und Enttäuschung angehäuft. Die PRI kann nicht einfach so bleiben, wie sie ist. Die PRI hat gegenüber dem ganzen Land eine große Schuld zu begleichen.

Dialog von Mensch zu Mensch

Als wir uns mit dem Vermittler, Bischof Samuel Ruiz*, und dem Friedensbeauftragten Manuel Camacho Solís zusammensetzten[1], kamen wir unbewaffnet. Wir ließen die Waffen beiseite und sprachen von Mensch zu Mensch, ohne Waffen, Drohungen oder Druck. Die Waffen, die wir jetzt tragen, wenn wir nicht am Gesprächstisch sitzen, sind persönliche Waffen, die nur zu unserer Verteidigung für den Fall dienen, daß es zu einer Aggression von irgendwelchen Leuten kommt, die sich durch unsere Worte der Wahrheit und Gerechtigkeit angegriffen oder beleidigt fühlen.

Wir unterscheiden zwischen Dialog und Verhandlungen. Die Tatsache, daß es eine Bereitschaft der Bundesregierung und eine Bereitschaft der Zapatistischen Armee gibt, mit Worten anstelle von Waffen zu sprechen, öffnet einen Raum für einen anderen Weg – wir sagen: eine Chance für den Frieden.

Wir als Zapatistische Armee sehen, daß sich ein anderer Weg als die Fortsetzung der militärischen, gewalttätigen Auseinandersetzung zu öffnen scheint: die Auseinandersetzung mit Worten, ein Weg, der niemals hätte aufgegeben werden sollen und den wir aus den Gründen verlassen haben, die wir schon erklärt haben.

1 Mitte Februar 1994

Es gibt verdammt noch mal niemanden, der die Regierung versteht

Wenn wir zum Dialog* in San Cristóbal kommen, werden wir mit der Zivilgesellschaft sprechen, nicht mit der Regierung. Tatsächlich nehmen wir uns mehr Zeit, um durch die Medien mit der Zivilgesellschaft zu sprechen, als mit der Regierung. Mit Camacho haben wir schon am zweiten Tag nicht mehr gesprochen: die Compañeros haben nichts verstanden. Wir stellten uns beiseite und sagten dann Don Samuel Ruíz, was er Camacho sagen sollte, der ihm antwortete; dann sagte uns Don Samuel, was Camacho ihm gesagt hat. So ging das seit dem zweiten Tag, weil die Compañeros nicht verstanden, was Camacho sagte. Camacho sprach zuerst mit Marcos, und mit dem, was natürlich hinter Marcos stand, sprach er als Politiker. Das brachte die Compañeros zur Verzweiflung und sie sagten: „Die Regierung muß abgesägt werden, denn es gibt verdammt noch mal niemanden, der versteht, was die eigentlich reden.“

Sie haben uns sogar angeboten, die Waffen nicht wirklich auszuhändigen, wir sollten nur sagen, daß wir sie ausgehändigt hätten. Sie gingen sogar soweit zu sagen, daß wir keinen Frieden zu schließen brauchen, daß wir aber unterzeichnen sollen, daß wir Frieden schließen würden. Sie boten uns Wirtschaftshilfen der Regierung an, aber wir sollten nicht sagen, daß es Regierungshilfe sei. Das Problem mit der EZLN ist, daß es ihr wichtiger ist, in ihren Taten aufrichtig zu sein, als einen aufrichtigen Eindruck zu machen.

Das Freihandelsabkommen: sie werden uns ohne Kugeln umbringen

Das Freihandelsabkommen (NAFTA)* ist ein Problem für uns, weil an keiner Stelle über die Indianer gesprochen wird.

Es tritt in Kraft, und es ist davon auszugehen, daß es die qualifizierten Arbeitskräfte sind, die in den Unternehmen und Industrien qualitativ miteinander konkurrieren werden. Und wenn wir weder lesen noch schreiben können: welche Wettbewerbsmöglichkeiten haben wir auf dem Weltmarkt, bei welchen Arbeiten?

Wir können Brennholz machen, es tragen, das Saatgut mit einem Stock in die Erde bringen, wir benutzen noch nicht einmal ein Zugtier. Wenn das Zugtier in Chiapas Einzug halten würde, wäre das ein Sprung von 100 Jahren. Nur das Zugtier, ich rede hier weder von Traktoren noch von Düngemitteln, Insektenvernichtungsmitteln oder ähnlichem.

Welche Wettbewerbsmöglichkeiten haben wir und womit, wenn wir noch nicht einmal mit dem Tod konkurrieren können, wie sollen wir dann mit ihnen konkurrieren?

Deshalb sagen wir, daß das NAFTA in irgendeinem Paragraphen diese Bevölkerung berücksichtigen muß, oder es wird sie früher oder später vernichten.

Welcher Abschnitt des NAFTA-Abkommens sagt: Die Indianer sind so und so. Gibt es diesen Plan? Nein. Wie sollen wir mit den nordamerikanischen oder kanadischen Bauern konkurrieren, wenn wir nicht einmal mit dem Coyoten[1] konkurrieren können, der uns die Kaffee-

1 Zwischenhändler, der die Ernte der Bauern zu Niedrigstpreisen aufkauft. Die Bauern sind ihm meist ohne Alternative ausgeliefert, da er im Gegensatz zu den Bauern Geld und Transportmittel besitzt.

Ernte wegreißt? Sie werden uns ganz einfach ohne Kugeln vernichten. Wenn ein Land in die neue internationale Ordnung eintritt, muß es seine „kleinsten Wesen" berücksichtigen, es kann sie nicht einfach zum Tode verdammt sein lassen.

Unser Projekt lautet: Entweder die Dinge verändern sich, oder wir sterben vor Hunger. So einfach ist das.

Wir wollen weder ins Weiße Haus einmarschieren noch der weißen Rasse ein Ende machen

Wir denken, daß wir auf zwei verschiedenen Ebenen über die Vereinigten Staaten von Amerika sprechen: die eine ist die Regierung und die andere ist das Volk der Vereinigten Staaten von Amerika.

Wir denken, daß sowohl der nordamerikanischen Regierung als auch dem Volk der Vereinigten Staaten klar sein muß, daß es in unserer Bewegung nichts gibt, was ihre Interessen beeinträchtigt.

Wir wollen nicht die Macht, wir wollen nicht das Weiße Haus stürmen und übernehmen, noch wollen wir mit der weißen Rasse oder den Gringos Schluß machen. Was wir wollen, ist, daß sie uns in Frieden unser Leben in unseren Strukturen leben lassen.

Wir denken, daß unsere Botschaft von der nordamerikanischen Regierung und dem Volk der Vereinigten Staaten so verstanden werden soll. Niemand steht hier einer Bedrohung gegenüber, die von den langen Fäden Moskaus, Kubas, Chinas oder einer anderen Kraft des Bösen gesteuert wird: Saddam Hussein, Gaddafi, das ist alles viel zu weit weg.

Wir haben gedacht, daß die nordamerikanische Regierung und das Volk der Vereinigten Staaten sich bewußt werden, daß wir nichts gegen sie haben. Und wenn sie intervenieren sollten – wir meinen hier das nordamerikanische Volk –, denken wir, daß sie uns Hilfe schicken werden: Medikamente, Lebensmittel, Kleidung für die vom Konflikt betroffenen Menschen. Und wenn die nordamerikanische Regierung die Wahrheit erkennt, die unsere Bewegung trägt, dann wird sie vielleicht Druck auf die mexikanische Regierung ausüben, damit sie diese Veränderungen in die Tat umsetzt, die verhindern, daß diese Art von Bewegungen auftauchen: demokratische Veränderungen, Veränderungen der Wirtschaftspolitik, Veränderungen der Sozialpolitik, damit Gerechtigkeit herrscht.

Es geht hier nicht um das kommunistische System gegen das kapitalistische. Es geht darum: entweder Leben oder Tod, das ist für uns das Problem.

Wir sind uns sicher, daß, wenn das Pentagon, die CIA und das FBI ihre Computer durchchecken, um festzustellen, ob Marcos Sowjetbürger oder Kubaner ist oder ob er von ihnen beraten worden ist, herauskommen wird, daß dem nicht so ist, daß es bei uns keine Ausländer gibt. Und wenn sie nach den Waffenverbindungen suchen, werden sie feststellen, daß es keine externe Finanzierung gibt. Letztendlich werden sie zu der Schlußfolgerung gelangen, daß das Problem ein mexikanisches Problem mit gerechtfertigten und authentischen Ursachen ist.

Wir machen uns keine Sorgen, daß die nordamerikanischen Truppen bei uns einmarschieren könnten, denn wir denken, daß es genug Information und Urteilskraft gibt, um zu verstehen, daß hier keine dunklen Mächte am Werk sind.

Ich denke, daß die Zivilgesellschaft Reife bewiesen hat, ihre Haltung zu Chiapas ist eine reife Haltung. Sie hat nicht gesagt: Die Zapatistische Armee soll gewinnen oder die Bundesarmee soll gewinnen. Sondern: REDET MITEINANDER, KÄMPFT NICHT!

Wir Indígenas haben das unantastbare Recht, daß man uns zuhört. Deshalb bitte ich euch alle im Namen meiner Compañeros, daß ihr euch soweit wie möglich darum bemüht, Formen zu finden, die ein Zuhören ermöglichen, denn wir wissen sehr wohl, daß die Indianer überall auf der Welt diejenigen sind, die am stärksten verachtet, an den Rand gedrängt und vergessen werden.

Wir glauben, daß der Augenblick gekommen ist, um unsere Stimmen zu vereinen, damit uns die ganze Welt hört.

Die Massenmedien

Die Massenmedien,
die Avantgarde des Landes

Die Massenmedien haben uns überrascht. Wir hatten nicht erwartet, daß sie die Avantgarde des Landes sind. Manche sagen: „Die EZLN ist die Avantgarde des Landes". Ich sage euch, das stimmt nicht, die Avantgarde des Landes sind die Massenmedien, die ehrlich und konsequent ihre Informationspflicht erfüllt haben und dem Land gezeigt haben, was tatsächlich vor sich geht. Sie sind es, die das Bewußtsein für die Indígenas aus dem Südosten Mexikos wachgerüttelt haben.

Wir sind der Ansicht, daß es zwei Kräfte gibt, die sich zunächst auf gleiche Höhe mit uns gestellt und uns dann überholt haben: die Medien und die Zivilgesellschaft, nicht aber die politischen Parteien. Ich glaube, daß die politischen Parteien an uns noch nicht heranreichen können, und der Staat liegt noch weiter zurück. Ich denke, daß zuerst die Medien und dann mit ihnen die Gesellschaft uns in den ersten Tagen nach unserem Aufstand schnell eingeholt haben. Dann haben sie uns überholt, um zu sehen, was passiert, und uns erklärt: „Wartet mal, laßt uns zuerst versuchen, ob es nicht vielleicht doch stimmt, daß es einen anderen Weg gibt."

All das kam sehr überraschend für uns

Wir kannten die Medien, ihre Logik und Arbeitsweise, denn wir hatten sie untersucht, als wir jünger waren, als wir in die *Preparatoria*[1] und zur Universität gingen. Was war ihre Logik? Wie äußerten sie sich? Welchen Interessen entsprachen sie? Wie wurden sie kontrolliert? Welche Politik wurde in Radio, Presse, Fernsehen, nationalen und internationalen Nachrichtenagenturen betrieben? Aber heute stellt sich die Frage, was das für eine Guerillabewegung bedeutet.

Wenn du vor dem 1. Januar 1994 ein Kommuniqué abgeben wolltest, mußtest du jemanden entführen und die Zeitung dazu zwingen, daß sie es veröffentlichte, oder die Familie des Entführten mußte die Zeitung bezahlen, damit es veröffentlicht wurde (wie bei Lucio Cabañas und Genaro Vázquez)[2]. Oder du mußtest dich auf die Untergrundflugblätter beschränken, deren Verbreitung sehr gering war. Deshalb waren wir am Anfang unschlüssig, als wir sagten: „Na gut, verschicken wir ein Kommuniqué, aber wer zum Teufel wird das veröffentlichen wollen, wir sind ja schließlich eine Guerillabewegung, die gegen die Regierung ist." Aber dann war es so, daß die Wirklichkeit, mit der wir uns auf der Medienebene auseinandersetzen mußten, eine andere war. Wir haben weder von der nationalen noch von der internationalen Presse, Radio und

1 Zweijährige Schule zur Vorbereitung auf die Universität (nach den 10 Jahren Allgemeinschule)

2 Landguerilleros der 70er Jahre, wurden beide ermordet

Fernsehen eine solche Offenheit für unsere Mitteilungen erwartet. All das kam sehr überraschend für uns.

Daraufhin haben wir uns über die Medien an die Leute gewandt: an andere Bauern, andere Indianer, andere Lehrer, andere Studenten. Und den Medien begann klar zu werden, daß sie als Überbringer fungieren können und daß ihnen das Vorteile einbringen wird: mehr Leser, mehr Fernsehzuschauer, mehr Radiohörer.

Die EZLN stellt nur das Radio an

Wir können nicht sagen, daß die EZLN die Medien bewußt benutzt hätte. Es gab weder Gespräche noch ein Spezialistenteam, das gesagt hätte: schaffen wir die Figur Marcos, formen wir ihn so und so, er soll diese Pose annehmen, er soll das mit der Fahne machen, er soll diese Rede halten, nun soll man ihn sehen, er soll ein Bein zeigen, was auch immer … Nein, es ist einfach so, daß etwas im Land am Gären war, was dafür gesorgt hat, daß all das Erfolg hatte und Marcos gehört worden ist. Es war ein glückliches Medienereignis. Ich glaube nicht, daß dies von der EZLN produziert worden ist. Die Welle, die übermittelt, ist da, und was die EZLN macht, ist, das Radio anzustellen.

Sie wollen unbedingt mit Marcos reden

Wenn die Journalisten kommen, werden sie gefragt, was sie wollen, und sie antworten: „Mit Marcos sprechen." Und ich sage ihnen dann: „Außer mir gibt es noch andere, die euch antworten können." Wenn Journalisten mit Frauen sprechen wollen, kommen sie sofort durch und genauso, wenn sie mit den Jugendlichen sprechen wollen. Aber es gibt einige, die unbedingt mit Marcos sprechen wollen: „Ich gehöre zur militärischen Leitung und habe andere Sachen zu tun, als nur Interviews zu geben", erkläre ich ihnen. Dann heißt es: „Also, dieser Marcos ist vielleicht ein Clown, der macht sich nur wichtig." Niemand verweigert ihnen, Interviews mit anderen Leuten zu machen, aber sie wollen unbedingt mit Marcos reden.

Dann kommen die Journalisten, und ich sage ihnen: „Hier sind die Compañeros aus dem Komitee für das Interview, ich komme gleich." Ich gehe, sie sind in zwei Minuten fertig, sie machen sich sogar Notizen, und danach sagen sie zu mir: „Also, mit denen bin ich fertig, nun möchte ich mit dir ein zweistündiges Interview machen." „Aber ich werde euch das gleiche sagen, was die anderen gesagt haben", sage ich ihnen, und sie wissen es auch.

Manche vergessen auch irgendwann, daß sie Reporter sind, und wir fangen an, über alles mögliche zu schwatzen. Sie vergessen, daß das Aufnahmegerät abgeschaltet ist und daß sie gar keine Notizen machen. Die jungen Reporter vergessen einfach, daß sie eine Reportage machen. Wenn sie dann fertig sind, erkläre ich ihnen: „Mach dir keine Sorgen, ich hab dir hier schon die Notizen gemacht."

Alle Journalisten, die mit uns in den Urwald zurückgingen, erwarteten, daß ich noch nicht da war, und fragten die Truppe, ob sie mich kennen würde. Sie hatten die Vorstellung, daß ich nie mit der Truppe zusammen sei, daß ich mich außerhalb des Urwalds bewegen und plötzlich auftauchen würde. Sie fragten also, ob man mich kennen würde und seit wann. Sie waren ganz schön enttäuscht, als alle ihnen antworteten: „Er war schon vor mir da; er hat mir lesen und schreiben beigebracht, er hat mir medizinische Kenntnisse gegeben, er hat mir gezeigt, wie man kämpft“, lauter solche Sachen, und damit waren die Zweifel beseitigt.

Die ausländische Presse ist einfühlsamer als die einheimische

Die ausländische Presse ist einfühlsamer als die einheimische. Den ausländischen Journalisten, die hierherkommen, fallen die jungen Leute auf, sie machen Interviews mit ihnen, damit sie sich an die Jugendlichen ihres Landes richten. Wenn hingegen die mexikanischen Reporter kommen, sprechen sie fast nicht mit der Truppe, oder sie sprechen nur mit den Frauen, aber nicht weil sie jung sind. Die Truppe besteht aus jungen Leuten zwischen 20 und 25 Jahren, sie sind sehr jung, manche sind 14 oder 15 Jahre alt. Ihre Botschaft lautet in der Regel, daß sie nicht verstehen können, warum es nicht mehr junge Leute gibt, die kämpfen, nicht mit Waffen kämpfen, sondern etwas machen, oder wie sie es sagen: kämpfen.

Wir sind sehr langsam mit unseren Antworten

Unter unseren Bedingungen kannst du nicht alles sagen, was du sagen willst, oder Kommuniqué für Kommuniqué angemessen auf das Geschehen reagieren. Zum Beispiel kommen die Zeitungen hier zwei, drei Tage, nachdem sie erschienen sind, an. Man antwortet auf etwas, und diese Erwiderung braucht zwei oder drei Tage, bis sie ankommt, manchmal auch länger, je nachdem, ob gerade jemand abreist. So antwortest du also auf ein Ereignis fünf oder sechs Tage danach.

Wir sind sehr langsam mit unseren Antworten. Sehr langsam, weil es dauert, bis wir etwas mitbekommen, und weil wir darüber nachdenken. Wenn wir hier ein Fax hätten, würden wir sofort Mitteilungen über alles mögliche losschicken, dann könnten wir zu vielen Sachen Stellung beziehen. Aber bei diesem Zeitkalkül sagst du dir: Darüber werde ich sprechen und darüber nicht, denn das ist schon gelaufen. Wir waren nicht auf diesen politischen Krieg vorbereitet.

Kommandant Marcos, lakandonischer Urwald, Adresse bekannt

Was an mich gerichtet ist, gebe ich dem Komitee weiter: sie teilen es untereinander auf, fangen an zu lesen und suchen die Briefe aus, die ihrer Meinung nach beantwortet werden sollen, in der Regel kommen sie von Organisationen; die persönlichen muß ich beantworten, wenn ich Zeit habe. Später habe ich entdeckt, daß es Leute gibt, die weder den richtigen Namen noch den richtigen Absender angeben, aus Angst davor, daß ihr Brief der Polizei in die Hände fällt. Ich weiß also nicht, wie vielen Leuten ich geantwortet habe, die es überhaupt nicht gibt. Es sind sehr witzige Briefe angekommen, mit der Anschrift: Kommandant Marcos, lakandonischer Urwald, Adresse bekannt.[1] Die Briefe werden hier am Bischofssitz[2] abgegeben, und die Briefträger wissen schon, was zu tun ist, damit die Post zu uns gelangt.

1 Diese Form der Anschrift ist in Mexiko typisch für die Provinz, für die Dörfer, wo es weder Straßennamen noch Hausnummern gibt, aber der Postbote alle Bewohner kennt.

2 Bei Samuel Ruiz in San Cristóbal de Las Casas

Wie sich die Soldaten in die Hose machten

Einmal fragten die Bundessoldaten ein paar Journalisten: „Wie geht es denn eurem Marcos?“ Sie waren wirklich sehr übel drauf: „Sagt ihm, daß wir bald kommen und ein Interview mit ihm machen werden.“ Bis so ein hinterfotziger Journalist die Soldaten warnte: „Da ist ja unser Marcos, da hinten kommt er, es sind ungefähr fünftausend.“ Meine Güte, wie sich die Soldaten in die Hose machten, sie haben sich verschanzt, es waren feige Scheißkerle.

In Ajusco?

Ab wann wir die Kommuniqués von Ajusco[1] aus verbreiten werden? Hm, wer weiß, so viele geben wir nicht heraus, ehrlich.

1 Ein Gebirge ganz in der Nähe von Mexiko-Stadt

Nachwort

Am 1. Januar 1994 weckte die EZLN, die Zapatistische Nationale Befreiungsarmee, Mexiko mit einem Fußtritt, der es aus dem Bett warf. Ganz zu schweigen von der Überraschung für Carlos Salinas de Gortari*, der Milliarden an Pesos aus dem Haushalt ausgegeben hatte, um mithilfe des Freihandelsabkommens NAFTA sein persönliches Image aufzupolieren. Seine Regierungszeit war gekennzeichnet vom Privatisierungsfieber, vom Ausverkauf der strategischen Wirtschaftssektoren Mexikos und dem ganzen Rest, der noch übriggeblieben war.

Während der Amtszeit von Salinas erreichte die Konzentration von Reichtum und Macht ihren kritischen Punkt: das Vaterland als Wäscherei von Drogendollars. Die Technokraten sprachen von Modernität, von den Segnungen des Markts und des freien Unternehmertums, während sie gleichzeitig das Land in den wirtschaftlichen Ruin trieben. Die Regierung, die wie nie zuvor im Dienste der Oligarchie stand, verwandelte Mexiko in ein Kasino für das Finanzkapital, aber eins mit gezinkten Karten.

Salinas wußte von der Guerilla in Chiapas, die Armee ebenfalls, aber niemand hätte sich vorstellen können, wie gewaltig der Aufstand, wie tief die Verwurzelung und wie weitreichend die Auswirkungen sein würden; ebensowenig kam es jemandem in den Sinn, daß die Zapatisten mit Kugeln aus Holzgewehren das Bild eines Mexiko zerschießen würden, das der Ersten Welt anzugehören glaubte. Salinas verordnete Schweigen, um die Unterschrift unter das Freihandelsabkommen nicht zu gefährden.

Die indianischen Gemeinden des lakandonischen Urwalds wußten ebenfalls von der EZLN, aber sie hüteten jahrelang eifrig das Geheimnis ihrer Existenz; von den Zeiten der Kolonisierung bis an die Schwelle des dritten Jahrtausends hatten sie die Enteignung ihres Landes, die Ausbeutung auf den Haziendas, Fincas und Plantagen erlitten.

Als wäre die Zeit im 18. oder 19. Jahrhundert stehengeblieben, erleben die Indianer weiterhin den Rassismus der Weißen, für die sie nichts weiter als Lasttiere, Lieferanten von Produkten und billige Arbeitskräfte sind. Diese Menschen ohne Gesicht kennen alle politischen Organisationen, alle Parteien, alle Streitereien, die zum Scheitern von Bewegungen geführt haben, und sie sind natürlich in allen Gefängnissen gewesen und haben Folterungen durchgemacht.

Die Bewohner der Täler des lakandonischen Urwalds waren seit den fünfziger Jahren auf der Flucht vor den Großgrundbesitzern und auf der Suche nach einem Stück Land in diese unwirtliche Gegend gekommen, aber das Vordringen der Viehzüchter, die den Urwald in Weideland verwandeln, bedrängte sie ebenso wie eine Auffassung vom „Mexikanertum“, das sie nur dann „als Gleiche“ ansah, wenn sie ihre Sprache, ihre Hautfarbe, ihren Glauben und all das aufgaben, was sie zu Indianern machte. Doch obwohl sie Sklaven, Tagelöhner, Bedienstete und Fremdartige waren, behaupteten sie sich. Dieser Kampf ums tägliche Überleben war nicht nur ein ökonomischer, sondern auch ein kultureller Kampf. Die Isolierung und die Vergessenheit der Urwaldbewohner wurden zu einer schützenden Hülle für die EZLN. Die unüberwindlichen Berge wurden zu Komplizen. Zu Beginn der achtziger Jahre traten die Gemeinden in Kontakt zu einer Organisation aus Mestizen, die aus den Städten gekommen waren. Sie sprachen vom Kampf des Proletariats, von politischen Konjunkturen, von den Kräften des Marktes, doch die Urwaldbewohner verstanden kein Wort. Die paar Mestizen gaben sich Mühe, abstrakte Konzepte, die aus einer anderen Welt stammten, nicht nur zu übersetzen, sondern auch zu vermitteln. Bei diesem Versuch, sich verständlich zu machen, beim Austausch der Vorgehens- und Denkweisen machten sich die Indianer die EZLN zu eigen, sorgten dafür, daß die Befreiungsarmee ihre nackten Füße auf den Boden der Realität stellte, und veränderten sie.

Damals suchten die Bauern nach einer Methode, wie sie sich gegen die Angriffe der Weißen Garden* und die Brutalitäten der Polizei und der Armee verteidigen konnten, so daß der erste Entwurf einer zapatistischen Armee für die Selbstverteidigung gedacht war.

Die von Salinas de Gortari diktierten Veränderungen des Artikels 27* der Verfassung nahmen den Indianern und Bauern die Möglichkeit, ein Stück Land zu bekommen, während die Großgrundbesitzer ihr Land vermehren konnten. Es gab nicht nur keinen legalen bürokratischen Weg über Petitionen mehr, sondern den Bauern konnte ihr Land sogar aufgrund von Schulden weggenommen werden. Die Banken wurden bevollmächtigt, bei den zahlungsunfähigen Kleineigentümern zu pfänden. Die Wirtschaftspolitik begünstigte und stärkte Viehzüchter,

Fincabesitzer, Holzindustrie und andere Ausplünderer von Urwald und Menschen.

Die Indianer organisierten in aller Verschwiegenheit einen bewaffneten Aufstand. Der Krieg war ein verzweifeltes Mittel, und sie waren verzweifelt. Doch dieser Aufstand richtete sich nicht nur gegen die Mörder im Sold der Oligarchie von Chiapas; es mußte wirklich tief ins Epizentrum der Mißstände vorgedrungen werden, weswegen die Forderungen und Vorschläge der Rebellen sich auf das ganze Land bezogen und nicht nur lokalen Charakter hatten.

Die Unterzeichnung des Freihandelsabkommens NAFTA war die Krönung der Enteignungs- und Ausplünderungspolitik, die als treibenden Motor die Ausgrenzung bestimmter gesellschaftlicher Gruppen hatte. Aus gutem Grund sagten die Zapatisten: „Mit der NAFTA werden sie uns ohne Kugeln töten." Das Abkommen aufzuhalten kann nicht allein die Aufgabe der Zapatisten sein, sondern aller, die von diesem Raubkapitalismus betroffen sind. Für die EZLN war es also das wichtigste, die Aufmerksamkeit der Weltöffentlichkeit auf sich zu ziehen.

Salinas de Gortari, auch bekannt unter dem Namen Hood Robin (weil er die Armen ausraubte, um den Reichen zu geben), stellte die Rebellen aus Chiapas als eine Gruppe dar, die von Ausländern mit antimexikanischen Interessen manipuliert sei. Wie gewohnt suchte die Regierung nach einem „Bösen", einem Schuldigen von außerhalb, ohne den Indianern die Fähigkeit zuzugestehen, sich zu organisieren, zu rebellieren und Forderungen von nationaler Tragweite aufzustellen. Es war unerhört, daß es in Mexiko eine bewaffnete Bewegung gab, während die lateinamerikanischen Guerilleros Friedensverträge unterzeichnet hatten und zu politischen Parteien wurden. Im internationalen Kontext gab es niemanden, dem man die Verantwortung für den Aufstand zuschreiben konnte, und erst recht niemanden, der sie finanziell oder militärisch hätte unterstützen können. Die tiefgreifenden und ernsthaften Spaltungen in der Regierungselite waren offenkundiger als je zuvor. Es wurde sogar behauptet, daß Politiker, die mit der Aufteilung des Kuchens durch Salinas nicht einverstanden waren, hinter den Rebellen stünden; nichts konnte weiter von der Realität entfernt sein.

Am 1. Januar 1994 nahmen die Zapatisten vier chiapanekische Ortschaften ein und ließen eine Informationsbombe explodieren, die nicht mehr zu kontrollieren war, vor allem nicht deren über Internet verbreitete Splitter. Sie verlasen ihre Forderungen, die in der Ersten Erklärung aus dem lakandonischen Urwald enthalten waren. Ihr Ziel war nicht der militärische Sieg, sondern Aufmerksamkeit zu erregen, die unmenschlichen Bedingungen der Indianer, die Ausbeutung, den Rassismus und das Elends all derer anzuprangern, die geboren werden und sterben, ohne daß jemand davon Notiz nimmt, derer, die weder in den Klatschspalten noch in der Fernsehwerbung vorkommen.

Die Männer und Frauen mit den Halstüchern und *pasamontañas* kehrten in den Urwald zurück. Die Antwort der Regierung war die Bombardierung der Dörfer, in denen man die Versteckten vermutete. Die Armee zog einen Belagerungsring um die Gemeinden, die man der Zusammenarbeit mit den Zapatisten beschuldigte, und jeden Tag wurde dieser Ring enger gezogen.

Über die Kommuniqués im Cyberspace, in der Presse und durch die NGOs (Nichtstaatliche Organisationen) entdeckten wir rebellischen Bürger nach und nach, daß es sich nicht um eine Guerilla handelte, wie wir sie bisher kennengelernt hatten.

Zur Überraschung der Regierung und der Zapatisten gingen Tausende von Menschen auf die Straße und forderten einen Waffenstillstand; wenn sie auch mit den Vermummten sympathisierten, waren sie doch nicht bereit, einen Krieg zu erdulden.

Eine der Aktionen der Gesichtslosen in den ersten Tagen des Januar 1994 war die Entführung von General Absalón Castellanos, Mitglied einer der Familien der Oligarchie von Chiapas und einer der blutrünstigsten Gouverneure des Bundesstaats (von 1982 bis 1988), der für Morde, Folterungen, Niederbrennen von Häusern und jede Art von Mißhandlung verantwortlich war. Man dachte, die Zapatisten würden gegen „Chalón", wie er auch genannt wurde, das Gesetz des „Auge um Auge, Zahn um Zahn" oder etwas Schlimmeres anwenden, aber das taten sie nicht. Sie warfen ihn weder aus einem Hubschraber noch verbrannten sie ihn bei lebendigem Leibe, wie es seine Soldaten für gewöhnlich taten. Die Zapatisten führten gegen den Ex-Gouverneur einen öffentlichen Prozeß durch und das Urteil lautete: „Divisionsgeneral Absalón Castellanos Domínguez wird verurteilt, bis zum letzten seiner Tage die Qual und die Schande zu erleben, von denen Vergebung und Nachsicht erhalten zu haben, die er so lange gedemütigt, entführt, ausgeplündert, beraubt und ermordet hat." Zapatistisches Strafgericht, 13. Januar 1994[1]

1 Der Prozeß wurde im Januar von den Zapatisten geführt, und die EZLN erstellte ein Dokument mit dem Datum vom 20. Januar 1994. (Documentos und Comunicados, Tomo I, p. 104, Editorial Era.) Am 16. Februar wurde Absalón in Guadalupe Tepeyac freigelassen, und dort wurde auch eine Zusammenfassung des Urteils verlesen.

Die EZLN hat sehr früh bewiesen, daß sie etwas besonderes ist, etwas anderes als das, was man bisher kannte. Die Zapatisten geben zu, daß sie ab dem 2. Januar nicht wußten, was sie machen sollten, was passieren würde und wogegen sie genau kämpften. Sie erwarteten einen Volksaufstand oder staatlicherseits eine militärische Aktion, die sie vernichten würde. Weder das eine noch das andere ist geschehen. Die Leute sind auf die Straße gegangen, um ihre gerechten Forderungen zu unterstützen, aber sie forderten von beiden Seiten einen Waffenstillstand. Die Zapatisten waren darauf nicht vorbereitet, und das geben sie in aller Bescheidenheit zu. Seitdem haben sie versucht, den Kurs zu bestimmen, indem sie zuerst ihre Basis befragen und dann die Zivilgesellschaft.

Die EZLN ist die Avantgarde, die keine sein will. Sie will nicht und sie kann nicht, denn ihre Position gegenüber der Macht unterscheidet sich grundsätzlich von der der Berufspolitiker, deren oberstes Ziel es ist, die Macht zu erobern und auszuüben, sei es im Namen ihrer Partei, ihrer privaten Interessen oder der Gruppen, die sie vertreten. Nach dem traditionellen Politikverständnis bestimmt eine Avantgarde den Kurs und verweist die Meinung ihrer Basis in die zweite Reihe. Das hat in der Geschichte oft genug für Bitterkeit gesorgt, und daher erklärt sich der ständige Aufruf der EZLN an die Zivilgesellschaft, sich zu organisieren und Verantwortung, Entscheidungen und Macht nicht an andere zu delegieren, nicht an Führungsgremien, die im allgemeinen ihre Versprechen und ihre Pflichten vergessen, sobald sie an der Macht sind.

Die Führung der EZLN setzt sich aus zwei Ebenen zusammen: einer militärischen und einer politischen. Die erste hat die klassische Struktur einer Armee, die zweite ist die politische Führung, die von den Vertretern der Ethnien, Dörfer und Regionen gebildet wird, die die von ihren Gemeinden getroffenen Entscheidungen ausführen. Sie erfüllen eine Aufgabe, die ihnen von ihren Leuten übertragen wird; und wenn sie das nicht gut machen, werden sie ersetzt oder bestraft. Das Geheime Revolutionäre Indigene Komitee bricht mit der klassischen Auffassung einer Avantgarde, die entscheidet und die Richtlinie vorgibt, der die anderen folgen müssen. Die Zapatisten drehen den Prozeß um; die Gemeinden entscheiden und schicken Delegierte, die die Beschlüsse, die in den Versammlungen getroffen wurden, nach außen tragen. Die Diskussionen erfordern viel Zeit, aber Zeit ist das einzige, was den Indianern noch geblieben ist. Worüber jeder ganz sicher sein kann, ist, daß jegliche Aktion dieser Zapatisten vom Willen ihrer Gemeinden unterstützt wird.

Carlos Salinas de Gortari erklärte am 12. Januar 1994 einen einseitigen Waffenstillstand. Die Zapatisten waren damit einverstanden. Es gab ein erstes Treffen zwischen Vertretern der Rebellen und Manuel Camacho Solís, in der Funktion des Spitzenfeuerwehrmanns der Regierung, ihrem besten Vermittler. Der Friedensunterhändler Camacho hörte in der Kathedrale von San Cristóbal die Forderungen und die Vorwürfe an, die das Geheime Revolutionäre Indigene Komitee nicht nur der Regierung, sondern auch dem ganzen Land machte. Durch die Stimme ihrer Delegierten hörten wir die Verbitterung über die Vergessenenheit, über den Rassismus, darüber, daß Menschen an heilbaren Krankheiten starben, über die Ausbeutung und das Elend der Bewohner des reichsten Bundesstaats von Mexiko. Bei diesem Treffen im Februar 1994 in der Kathedrale von San Cristóbal de Las Casas entrissen die Indianer in ihren *pasamontañas* der Regierung die nationalen Symbole.

Manuel Camacho Solís hatte keine Entscheidungsbefugnis. Er nahm die nationalen Forderungen, die die Zapatisten formuliert hatten, mit dem Versprechen an, dafür eine Lösung zu finden. Die wichtigsten Forderungen bezogen sich auf den Landbesitz und die Demokratisierung des Landes. Die Aussichten waren günstig, denn so kurze Zeit nach dem Aufstand hatte sich die Regierung zum Dialog bereitgefunden und versprochen, die Probleme und Mißstände aufzuklären. Doch sie wollte nur Zeit gewinnen.

Es blieb bei den Versprechungen. Während die Zapatisten die offiziellen Antworten abwarteten und ihre Basis befragten, wuchsen die Überfälle durch das Militär. Es kamen Dutzende von ausländischen Militärberatern; die mittleren und oberen Befehlshaber der mexikanischen Armee wurden in die US-amerikanischen Schulen für Aufstandsbekämpfung geschickt, um im Kampf gegen die EZLN ausgebildet zu werden, und zwar sowohl auf militärischer Ebene als auch auf dem Gebiet der Informatik, der Soziologie, der Ideologie und der Psychologie. Sie machten ihr Diplom in schmutzigem Krieg.

Schließlich teilte die Regierung den Zapatisten mit, was sie bereit sei, zu „gewähren", aber keine der offiziellen Angebote berührte den Kern des Problems, das Ursprung des Aufstands war. Die wichtigsten Forderungen wie die Landverteilung, die Wiedereinführung von Artikel 27 der Verfassung und das Ende des Präsidialsystems* blieben außen vor. Es wurden Schulen, Straßen, Krankenhäuser und Läden angeboten, aber nichts, was die Lebensbedingungen der Indianer und der Nicht-Indianer von Mexiko wesentlich verändert hätte.

Die Anzeichen eines Krieges waren zu sehen, und dann geschah noch etwas, das die Zapatisten beunruhigte: die Ermordung von Luis Donaldo Colosio, des Präsidentschaftskandidaten der Regierungspartei, das heißt, des Thronfolgers, des „Enthüllten", des nächsten Präsidenten. Die Zapatisten sagten: „Wenn diese Regierung schon ihren eigenen Erben umbringt, was wird sie dann erst mit uns, ihren Feinden, machen?" So ging alles Vertrauen verloren, die unverzichtbare Voraussetzung für einen Friedensdialog.

Trotzdem führte die EZLN die Befragung ihrer Basis weiter und beriet sich in den Versammlungen, ob sie das offizielle Angebot, das sich auf die grundlegenden Dinge beschränkte, annehmen sollte. Die Antwort war negativ, und im Juni 1994 wurde sie von den Zapatisten öffentlich gemacht.

„Wenn es keine wesentlichen Änderungen gibt, wird alles gleich bleiben."

Die Zapatisten wissen, daß ihre großen Errungenschaften politischer Art sind. Auf diesem Gebiet bewegen sie sich wie Fische im Wasser, denn das, was sie fordern, ist gerecht.

Die Strategie der Regierung und der Armee ist die Isolierung, die Reduzierung des Aufstands von Chiapas auf ein lokales Problem, auf eine Angelegenheit, die angeblich nicht einmal ganz Chiapas betrifft, sondern nur ein Stückchen Urwald, fünf Gemeinden, eine Handvoll Indianer, ein Konflikt, der sich mit Geld lösen ließe, wenn man die Führer kaufen und kooptieren würde, im gewohnten Stil. Präsident Àlvaro Obregón[1] pflegte zu sagen: „Niemand hält einen Kanonenschuß von fünfzigtausend Pesos aus", heute müßte man in Dollars rech-

1 Álvaro Obregón, 1920-1924 Präsident Mexikos, war die Konterrevolution in Person.

nen, aber die Strategie ist dieselbe: die Opposition neutralisieren, indem man sich Loyalitäten kauft und Privilegien gewährt. Doch dieses Mal ist die Regierung auf ein unüberwindbares Hindernis gestoßen: auf die unbeugsame Würde und Ehrbarkeit der aufständischen Indianer.

Deshalb wurde eine intensive Pressekampagne aus Desinformation und Verleumdungen gegen die Zapatisten und ihre Sympathisanten entfacht. Sie sollte die Rebellen in jeglicher Hinsicht isolieren, ihre Stützpunkte zerstören, sie durch psychologischen Druck und Aushungerung zermürben, um im geeigneten Moment die Generalkommandatur ermorden und so die Bewegung ihrer Köpfe berauben zu können. Die Zapatisten wußten und wissen, daß die Oberste Regierung[1] ihnen die Kühnheit nicht verzeihen würde, auf diese Weise ihr Haupt erhoben zu haben. „Seit dem 1. Januar sind wir Tote“, sagte Subcomandante Marcos. „Wir leben in einer Zusatzfrist, aber das gibt uns große Freiheit, das zu sagen, was wir denken. Wir müssen niemandem gefallen, uns mit niemandem gut stellen, so daß wir alle schlechten Witze machen können, die uns einfallen und uns gut gefallen.“

Bei den Indianern ist der Tod ein alltäglicher Begleiter; er ist so vertraut, so bekannt, daß die Zapatisten sagen, es sei besser, im Kampf für ein gerechtes Land als an einer heilbaren Krankheit zu sterben. „Es ist würdiger, an einer Kugel zu sterben als an Durchfall“, sagen sie. Die Rebellen ähneln den Zeichnungen von Posada, auf denen man sie mit Zapata und dem Tod tanzen und den Takt schlagen sieht.

1 Der Begriff, mit dem sich schon die Zapatisten während der mexikansichen Revolution zu Anfang des Jahrhunderts an die Regierung wandten. Manchmal nannten sie sie nur „Die Oberste“.

Auf der anderen Seite heben die Kommuniqués von Subcomandante Marcos den politischen Diskurs auf die Wiesen der Poesie. In einem anti-feierlichen, ironischen und witzigen Ton nennt er die Dinge beim Namen. Außer daß er eine scharfsinnige politische Analyse erstellt, macht er sich über alles lustig, worüber man sich lustig machen kann. Seine äußerst scharfen Pfeile voller Sarkasmus schaden der politischen Klasse mehr als jeder Schuß aus einer Panzerfaust. Wenn die Kommuniqués und die Märchen nicht ins Gehirn vordringen, dann gehen sie ins Herz. Marcos ist eine Brücke, ein Übersetzer, der uns das Denken und das Fühlen der Indianer wieder lebendig macht.

Vor mehr als zehn Jahren, als die EZLN noch nicht die EZLN war, wurde der alte Antonio[1] zum Bindeglied zwischen den Gemeinden im tiefsten Urwald und dem jetzigen Subcomandante. Diese verlorenen Gemeinden inmitten von Bergen und giftigen Nauyacaschlangen lehrten den Städter mit der ausgeprägten Nase, zuzuhören und die Welt mit anderen Augen zu sehen. Nun gibt uns der Chup – wie ihn die Kinder aus dem Ort La Realidad nennen – etwas von dem weiter, was er selbst gelernt hat. Er vermittelt uns das wertvolle Prinzip des „gehorchenden Befehlens“, die Basis zu befragen, dem anderen zuzuhören, das wichtige und menschliche Prinzip „alles für alle“, ein neues Verhältnis zur Macht, wie man sich mit einem Fuß in der Vergangenheit die Zukunft vorstellt und aufhört, Modelle zu kopieren, die nichts nützen, auch wenn sie in Mode sind. Die Zapatisten verlegten den Krieg aus dem

1 Eine Person, von der man nicht weiß, ob sie erfunden oder real ist. Sie hatte sich damals mit dem Subcomandante angefreundet und ihn wie Vergil durch die magisch-symbolische Welt der Indianer des Lakandonischen Urwalds geführt, wobei sie ihm die Kultur, mit der er konfrontiert war, erklärte und ihm beibrachte, sie zu verstehen.

Urwald in die Arena der Sprache: und dabei tanzten sie noch zu Marimba-Musik. Der Kampf für einen Frieden in Gerechtigkeit und Würde ging von den Hüttensiedlungen zu den intergalaktischen Treffen[1], von den Dorfversammlungen zu den Diskussionen an den Universitäten, von der Klandestinität zu den Treffen in den Metropolen der Welt, von den Flugblättern zu den Internetseiten, von den Büchern zu den Graffitis in den Städten. Das Wort ist die mächtigste aller Waffen.

Der Kampf der EZLN muß sich notwendigerweise auf ganz Mexiko beziehen und darf nicht auf die indianische, lokale oder ethnische Ebene beschränkt bleiben; er muß eine Ebene annehmen, auf der sich alle Mexikaner angesprochen fühlen. Das Gespenst des Che in Bolivien geht um und erinnert sie daran, daß man nicht sehr weit kommt, wenn man keine breite Basis im Volk hat.

Die Zapatisten erhielten die solidarische Unterstützung verschiedener sozialer Organisationen, indigener Gruppen aus der ganzen Welt, Bauern- und Studentenvereinigungen, Künstlergruppen und NGOs, die Liste ist lang ... So entstand ein anderer Dialog, mit Menschen der unterschiedlichsten politischen Strömungen, religiösen Glaubensrichtungen, sozialen Schichten und Nationalitäten.

Die EZLN machte etwas unerhörtes: sie berief mitten im Urwald eine Versammlung von Organisationen jeglicher Art ein; ließ sie sich Seite an Seite zusammensetzen, Menschen, die sonst nie mit einander gesprochen hätten. Die alte zersplitterte und gespaltene mexikanische Linke

1 Die von der EZLN einberufenen internationalen Treffen wurden intergalaktisch genannt, weil der Subcomandante in einem Kommuniqué anmerkte, alle seien eingeladen, und wenn es Lebewesen auf anderen Planeten, in anderen Galaxien gäbe, dann seien auch diese eingeladen.

mit ihren furchtbaren internen Streitigkeiten verabredete sich mit den Zapatisten, und bei diesem Treffen wiederholten die Gastgeber, daß sie nicht nach der Macht strebten. Bei dem Nationalen Demokratischen Konvent* im August 1994 forderte die EZLN die organisierten und nicht-organisierten gesellschaftlichen Kräfte auf, selbst über den Kampf für ein Mexiko in Frieden, Gerechtigkeit und Würde zu entscheiden.

Kurz darauf erkannte die EZLN, daß die bestehenden Organisationen nicht ausreichten, daß auch die mit einbezogen werden müßten, die ihnen nicht angehörten, die weder Mitglieder von politischen Parteien noch von Gewerkschaften oder anderen Gruppen waren.

Die Zapatisten selbst wollen nicht die Macht, sie kämpfen nicht um die Macht. Sie stellen die Macht in Frage und schlagen einen neuen Typ von gesellschaftlichem Umgang mit der Macht vor, um zu vermeiden, daß eine oder mehrere Personen sie auf sich konzentrieren, sie ungezügelt und skrupellos, unverhohlen und verantwortungslos ausüben.

Die Karrierepolitiker können sich nicht vorstellen, daß jemand für eine Veränderung kämpft, ohne die Macht ergreifen zu wollen. Die Zapatisten haben mit den traditionellen Schemata der Politikwissenschaft gebrochen.

José Saramago erinnerte sich, irgendwo gelesen zu haben: „Die absolute Macht korrumpiert." Der Schriftsteller wurde nachdenklich und fügte hinzu: „Nun gut, die Macht muß nicht unbedingt absolut sein, um zu korrumpieren, es genügt ein kleines bißchen davon." Wie recht hat doch der Nobelpreisträger. Es genügt, sich die bestechlichen Polizisten anzusehen, die korrupten Bürokraten, die autoritären Lehrer, die unverschämten Sekretärinnen, den prügelnden Ehemann. Manche verlangen, daß die Zapatisten die Macht ergreifen. Das wäre eine zu schwere Last für sie, darum ist der vernünftigste Vorschlag, daß wir es alle zusammen machen. Damit die Beamten auch Beamte sind, die Mandatsträger ein Mandat vom Volk bekommen und es erfüllen; damit die Staatsdiener auch Diener sind, damit Raum für eine Beteiligung geschaffen werden kann, damit die Bürger nicht nur am Wahltag ihren Stimmzettel abgeben (die Politiker sieht man für gewöhnlich nach ihrem Wahlkampf nicht mehr). Es geht darum, daß die einfachen Leute ihre Zukunft entwerfen, bewerten und mitbestimmen. Es muß Schluß damit sein, daß eine Elite das Land nach eigenem Gutdünken lenkt, um ihre eigenen Interessen und die des ausländischen Großkapitals zu befriedigen und uns außerdem die Rechnung für das zerschlagene Geschirr zu präsentieren.

Bei der Nationalen und Internationalen Befragung für Frieden und Demokratie, die im September 1995 durchgeführt wurde, fragten die Zapatisten die Zivilgesellschaft zum ersten Mal, welchen Kurs die EZLN verfolgen sollte. Sollte sie zur politischen Kraft werden? Sich mit anderen politischen Organisationen zusammenschließen? Die Ergebnisse brachten die EZLN dazu, eine politische Organisation zu gründen, ohne sich mit anderen zusammenzuschließen; so entstand die Zapatistische Nationale Befreiungsfront FZNL als legale, zivile und friedliche Organisation.

Die EZLN ist keine Guerilla, keine Armee „von Gottes Gnaden". Keine mit Uniformen, Fahne und Hierarchien, die sich an die Genfer Konvention hält. Jedes Mal, wenn sie sich mit der Regierung über ein Abkommen oder ein Gesetz geeinigt haben, erfüllen die Zapatisten peinlich genau jeden einzelnen der Punkte. Sie rücken kein Tüpfelchen von der Legalität ab, was der Regierung jede Möglichkeit juristischer Argumente gegen die Zapatisten nimmt. Dagegen ist es immer offensichtlicher, daß die Bundesregierung ihren Part nicht einhält. Die arme, unterernährte Armee von Analphabeten nimmt sich zum Ziel zu verschwinden, wenn ihre Forderungen erfüllt sind. Sie will nicht als militärische Organisation wachsen, da ihr Ansatz ein politischer und kein militärischer ist. Die Waffen wird sie jedoch nicht abgeben: Ihre Entwaffnung ist undenkbar, denn die Waffen sind ihre einzige Garantie, ihre Lebensversicherung. Die Geschichte hat uns gezeigt, wie andere Guerillagruppen einen Friedensvertrag unterzeichnet und die Waffen abgegeben haben, und am anderen Tag wurden ihre prominenten Mitglieder ermordet.

Die Zapatisten wollen auch nicht zur politischen Partei werden; ihr Vorschlag ist ein anderer, er ist umfassender und tiefgehender. Sie beziehen sich nicht nur auf die Wahlen, auf das Parlament, auf die Urnen, auf die dickbäuchigen Politiker, sondern auf all das, was davon ausgeschlossen wird.

Die „repräsentative Politik" ist ein korrumpierter Bereich voll technischer Fallen und Gummiparagraphen. Die Zapatisten wollen nicht die Macht, deshalb macht es für sie keinen Sinn, sich am Spiel der politischen Parteien zu beteiligen; zudem garantieren diese nicht die Demokratisierung des Alltagslebens.

Der zapatistische Aufruf an diese diffuse und zerstreute Größe namens Zivilgesellschaft bekam eine starke Antwort, da diese Menschen eine Änderung, eine Verbesserung und Möglichkeiten der Beteiligung wollen. Die Parteien sind ihnen zu eng geworden. Doch die Zivilgesellschaft ist eine sehr wankelmütige Dame, die manchmal auch gleichgültig wird.

Die EZLN ist eine Armee von Heranwachsenden, ihre Kämpfer sind jung; es sind diejenigen, denen jeglicher Zugang zu Land, zu Bildung und Arbeit verschlossen ist.

Es ist eine Armee der Armen, die das essen, was sie von den Gemeinden bekommen und was sie selbst produzieren. Die Aufständischen sehen, daß der militärische Weg eigentlich kein Weg für sie ist, trotz der gegen sie gerichteten Überfälle, Provokationen und der Angriffe auf die autonomen Gemeinden. Die Zapatisten suchen den Dialog, nicht nur mit der Regierung, sondern mit allen anderen, das heißt mit der Zivilgesellschaft.

Ende 1994 übernahm Ernesto Zedillo aus der Mannschaft von Salinas de Gortari nach zweifelhaften Wahlen die Präsidentschaft. Die Hoffnung auf einen Dialog mit der neuen Regierung schwand, als Robledo Rincón, der starke Mann der Oligarchie von Chiapas und Nutznießer eines schamlosen Wahlbetrugs, das Amt des Gouverneurs von Chiapas übernahm. Zedillo begann Ende 1994 einen Briefwechsel mit der EZLN, und Innenminister Esteban Moctezuma Barragán besuchte tatsächlich die Gemeinde Guadalupe Tepeyac, wo er in aller Höflichkeit empfangen wurde.

Völlig überraschend beschuldigte Ernesto Zedillo am 9. Februar 1995 die EZLN des Terrorismus, obwohl sie niemals Bomben gelegt, nie jemanden ermordet, bedroht oder gefoltert hatte. Die Exekutive erließ Haftbefehle gegen die zapatistische Führung; es wurde die angebliche Identität von Subcomandante Marcos[1] enthüllt, und die Armee fiel in alle Winkel der Urwalds ein, mit dem Befehl, die Mitglieder des Geheimen Revolutionären Indigenen Komitees unter dem Vorwand ihrer Festnahme zu ermorden. Die indianischen Dörfer, die mit den Aufstän-

1 In einem Kommuniqué empörte sich Subcomandante Marcos, daß ein so häßlicher Typ wie Sebastián Guillén Vicente präsentiert wurde, so daß die Korrespondenz mit seinen weiblichen Bewunderern ernsthaft gefährdet sei.

dischen sympathisierten, wurden exemplarisch bestraft: ihre Häuser wurden geplündert und danach zerstört; die Soldaten töteten die Tiere, zerstörten die landwirtschaftlichen Geräte und vergifteten den Boden und das Wasser. Die Unterstützungsbasen mußten sich im Urwald und in den Bergen verstecken. Während ich diese Zeilen schreibe, leben die Einwohner von Guadalupe Tepeyac immer noch im Exil. Die Gastgeber des Nationalen Demokratischen Konvents vom August 1994 können nicht in ihre Gemeinde zurückkehren, die zur Militärkaserne wurde. Das Aguascalientes* wurde bis auf die Grundmauern niedergerissen, die Bibliothek zerstört (die Soldaten erstellten eine Liste mit den Namen all derer, die in die Bücher, die sie spendeten, eine Widmung geschrieben hatten), die Schule ist heute ein Bordell und der Rest von Guadalupe Tepeyac ist eine Geisterstadt. In Mexiko-Stadt wurden mehrere Aktivisten der Bewegung unter der Anklage der Subversion und des Waffenbesitzes verhaftet.

Der nationale und internationale Druck ließ nicht auf sich warten. Der Präsident mußte einen Hagel von Kritik, Briefen und Botschaften aus aller Welt über sich ergehen lassen, in denen seine brutale Politik verurteilt wurde. Der Präsident „überdachte die Sache noch einmal" und bot einen neuen Dialog an. Die ersten Treffen fanden in San Miguel und dann in San Andrés Larráinzar statt, wo die Mindestbedingungen für den Dialog festgelegt wurden. Die Regierung, die sich militärisch mit neuen Waffen[1] in allen indianischen Gemeinden von Chiapas festgesetzt hatte, versuchte, den Zapatisten am Verhandlungstisch

1 Neue Waffen mit Spitzentechnologie, die sie mit Geld gekauft hat, das ihr im Tausch gegen Erdölreserven geliehen wurde, die sich noch im Boden befinden. Die Spitzentechnologie der Zapatisten beschränkt sich auf das spitze Pflanzholz.

eine bedingungslose Kapitulation abzupressen. Die Regierungsvertreter waren aggressiv und behandelten die Indianer, die mit am Verhandlungstisch waren, keineswegs als würdige Gesprächspartner. Dabei waren einige der offiziellen Sprecher in ihrer Jugend selbst Guerilleros gewesen. Die Regierung hielt es wohl für eine gute Idee, daß ehemalige Guerilleros die neuen Guerilleros entwaffneten, doch ihr Kalkül ging nicht auf. Sie hatten den besonderen Charakter der Zapatisten nicht begriffen.

In San Andrés wurden nicht nur die Forderungen der EZLN verhandelt, sondern auch die verschiedener Bereiche der mexikanischen Gesellschaft. Die Probleme und Anliegen wurden nach Themen geordnet, und für jedes gab es eine Arbeitsgruppe. Die Zapatisten beriefen als Berater Spezialisten, Aktivisten, Gruppen und Experten ein, die sich mit den Themen auskannten. Im Fall der Arbeitsgruppe über Rechte und Kultur der Indianer befragten die Rebellen nicht nur ihre Basis, sondern auch die verschiedenen Indianerorganisationen Mexikos. Die Meinungen von Zapatisten und Nicht-Zapatisten bildeten ein vielfältiges Mosaik, das in den Vereinbarungen von San Andrés* seinen Ausdruck fand. Die Forderungen bildeten eine Gesamtheit und waren nicht nur die der Aufständischen.

Nach fast zwei Jahren abgebrochener und wieder aufgenommener Treffen mit der offiziellen Vertretung setzte die Kommission für Eintracht und Friedensstiftung (COCOPA)* schließlich einen Text auf, dem beide Seiten zustimmten. Die zapatistische Vertretung gab als Zeichen ihres guten Willens in einigen Punkten nach, mit denen sie nicht völlig einverstanden war. Die Zapatisten fanden es wichtiger, die Gespräche nicht weiter zu blockieren.

Die Vereinbarungen von San Andrés wurden von den zapatistischen Vertretern und denen der Bundesregierung unterzeichnet; nun ging es darum, sie ins Parlament zu bringen, das alles Nötige veranlassen sollte, sie in der Verfassung zu verankern, damit den Indianern unter anderem ihr Recht auf Autonomie und auf ihre Sitten und Gebräuche gewährt und Rassismus und Diskriminierung verurteilt würden.

Im letzten Moment verlangte Präsident Zedillo, die Vereinbarungen noch einmal durchsehen zu dürfen, die er – nach eigenen Angaben – gar nicht kannte. Er bat sich drei Wochen aus und nach Ablauf dieser Frist gab er seine Zustimmung, die Vereinbarungen unter der Bedingung ins Parlament zu bringen, daß von seiner Seite vier „kleine Korrekturen" eingefügt würden. Laut den Zählungen der COCOPA, der EZLN und ihrer Berater waren fast vierzig Änderungen im Text. Das Dokument war nicht wiederzuerkennen.

Die EZLN veröffentlichte ein Kommuniqué, in dem sie sagte, sie würde nicht akzeptieren, daß nur ein Punkt oder ein Komma geändert würden; sie hatte der COCOPA schon so viele Zugeständnisse gemacht. Von diesem Moment an hüllten sich die Zapatisten mehrere Monate lang in absolutes Schweigen. Inzwischen bezeichnete die Regierung in einer massiven Pressekampagne die Zapatisten als unnachgiebig. Der Präsident zog ein Spektakel auf, um den Leuten weiszumachen, daß Autonomie Sezession bedeutete, daß hinter der EZLN die multinationalen Konzerne stünden, die die Unabhängigkeit von Chiapas förderten, um dessen Bodenschätze besser ausbeuten zu können. Es wurde sogar behauptet, daß es mit der Autonomie keine Möglichkeiten mehr gäbe, den Mißbrauch der „Sitten und Gebräuche" gegen die indianischen Frauen zu stoppen, wobei vergessen wurde, daß die schlimmsten Mißhandlungen der Frauen von Personen außerhalb der Gemeinden begangen werden.

In militärischer Hinsicht wurden im Laufe des Konflikts von den lokalen Behörden in Zusammenarbeit mit den Kaziken[1], Viehzüchtern, Fincabesitzern und der Armee paramilitärische Gruppen gegründet, bewaffnet und ausgebildet, die den Auftrag hatten, die schmutzige Arbeit zu übernehmen, damit die Armee ihre Hände nicht mit Blut beflecken mußte und die Soldaten in der öffentlichen Meinung als Garanten der Ordnung, des Friedens und des Rechtsstaats betrachtete wurden. Die Paramilitärs (die nach Angabe der Generalstaatsanwaltschaft 1994 aus nur zwei Gruppen bestanden, 1998 bereits aus zwölf) waren Teil der Aufstandsbekämpfungsstrategie gegen die EZLN. Die Paramilitärs greifen in erster Linie die Unterstützungsbasen der EZLN sowie die Organisationen im Umfeld der Diözese* von San Cristóbal an. Die bezahlten Killer haben die Aufgabe, eine „Säuberung" von Oppositionellen durchzuführen, sowohl von der EZLN als auch von Linksparteien, kirchlichen Gruppen bis hin zu neutralen Kräften, die sie mit größtmöglicher Brutalität aus ihren Dörfern vertrieben. Ganze Dörfer sind von den Weißen Garden geplündert und niedergebrannt und ihre Bewohner unter der Komplizenschaft der Armee und der öffentlichen Sicherheitskräfte verjagt worden. Es gibt Tausende von Flüchtlingen, die unter unmenschlichen Bedingungen überleben müssen.

Die Logik der Paramilitärs besteht darin, der EZLN viele Feinde, viele gleichzeitige Fronten zu schaffen, ihre Unterstützungsbasen zu zerstören, um ihr so die Versorgungswege abzuschneiden, sie zu isolieren und ihren Kampf- und Widerstandswillen zu brechen.

Die Paramilitärs sind eine Hydra mit zwölf Köpfen. Es ist schon schlimm genug, daß sie die Unterstützung der

1 Kaziken, allmächtige Ortsvorsteher

Regierung haben, noch schlimmer ist jedoch, daß sie jeden Tag mehr Macht bekommen. Im Norden von Chiapas ist das Wort der Paramilitärs Gesetz. Wenn es so weitergeht, wer wird sie dann in der Zukunft entwaffnen können? Das Massaker von Acteal* war das deutlichste Zeichen der Paramilitarisierung eines Konflikts, der einfach zu lösen wäre. Acteal ist die unverhüllte Heuchelei der Regierung und der mangelnde Wille, eine Lösung mit Worten herbeizuführen.

Nachdem das Massaker von vielen verurteilt wurde, verkündete die Regierung wieder ihre „Bereitschaft" zum Dialog. Die EZLN stellte ihrerseits fünf Bedingungen für die Rückkehr zu den Gesprächen:

1. Die Umsetzung der Vereinbarungen der Arbeitsgruppe 1 „Rechte und Kultur der Indianer" und die Einrichtung der Überprüfungs- und Kontrollkommission.
2. Einen ernsthaften Vorschlag der Regierung für die Arbeitsgruppe 2 „Demokratie und Menschenrechte"
3. Das Ende der Verfolgung und der militärischen und paramilitärischen Übergriffe, die seit dem Massaker von Acteal zugenommen haben.
4. Freilassung der zapatistischen Gefangenen in ganz Mexiko
5. Die Ernennung eines oder mehrerer Regierungsvertreter mit Entscheidungsbefugnis, die keine reinen Briefträger sind und die die zapatistischen Vertreter bei den Gesprächen respektvoll und ernsthaft behandeln.

Es scheint, daß die Regierung die Vereinbarungen von San Andrés nicht einhält, weil sie weder will, daß die Zapatisten *ihren Teil durchsetzen*, noch daß es eine EZLN gibt, die sich frei und offen in Mexiko als politische Kraft bewegen und sich mit anderen Kräften verbünden oder weitere Bereiche der Gesellschaft *an-*

stecken kann. Der Konflikt muß auf die militärische Ebene gebracht werden, denn das ist die Ebene, auf der die Regierung stark ist, und nicht auf die politische Ebene, wo es ihr an Legitimität fehlt, wo ihre internen Spaltungen und ihre Skandale ihr jegliche moralische Autorität nehmen.

Die Regierung wird alles so weit wie möglich in die Länge ziehen. Ihr Ziel ist es, die Rebellen zu isolieren, sie zu zermürben, sowohl sie selbst als auch die Sympathisanten zu vernichten und im geeigneten Moment ihre Führung zu ermorden. Die indianischen Gemeinden, die im militärischen Sinne belagert sind, haben sich zusammengeschlossen und sich als autonome Gemeinden organisiert; die Gemeinden kannten die falschen staatlichen Behörden nicht, genauso wenig wie die Methoden, sie einzurichten. Nach den indianischen Sitten und Gebräuchen, das heißt, nach ihren Traditionen und nach ihrem Glauben, nahmen die zapatistischen Gemeinden die Bildung, die Justiz, die Verwaltung ihrer Mittel, die öffentlichen Ausgaben, das Standesamt, und die Gemeindearbeit wieder in ihre Hand. Die autonomen Gemeinden sind ein Dolchstoß in das System der Kaziken und eine Ohrfeige mit einem weißen Handschuh für die Regierung, um ihr eine Lektion in Sachen direkter und transparenter Demokratie zu erteilen.

Die offizielle Antwort der Regierung bestand darin, die autonomen Behörden der Usurpation von Ämtern, der Schaffung eines Staates im Staate und eines Anschlags auf den Rechtsstaat zu beschuldigen, wo sie doch eigentlich nur die in der Verfassung verankerte Freie Gemeinde in die Praxis umsetzten und damit gleichzeitig die Vereinbarungen von San Andrés. Im Namen der Legalität drangen Polizei und Armee um sich schießend in die autonomen Gemeinden ein, zerstörten Häuser, Läden und

Krankenhäuser, stahlen das wenige, was die Bewohner hatten, nahmen lebende Menschen mit und brachten sie als Leichen zurück, aufgeschlitzt und in Verwesung begriffen. Ausländische Beobachter wurden gewaltsam des Landes verwiesen. Polizei und Armee stachen so „den Zeugen die Augen aus" und behaupten nebenbei, die „Ausländer" seien die Führung der EZLN.

Völlig schamlos griff die Regierung die Vermittlungskommission CONAI* an, da diese gegen die Verletzung der Vereinbarungen und der Menschenrechte von offizieller Seite protestiert hatte, was die Regierung als Parteilichkeit der CONAI zugunsten der EZLN auslegte. Bischof Samuel Ruiz wurde wieder einmal beschuldigt, der Oberkommandant der Aufständischen zu sein. Der „Beitrag zum Frieden" des Innenministers bestand darin, der CONAI ins Gesicht zu spucken.

Die Zapatisten behaupten nicht, daß sie die Nation sind, aber gewiß ein Element der notwendigen Neudefinition dessen, was unsere Nation in dieser Zeit des Ausverkaufs strategischer Wirtschaftssektoren sein kann. In einer Zeit, in der die Entscheidungen nicht mehr hier im Land, sondern in den Metropolen des Geldes getroffen werden, zeichnet sich langsam ab, was man unter Mexiko versteht.

Die EZLN spielt mit der Zivilgesellschaft ihre letzte Karte aus, damit diese die Durchsetzung ihrer Rechte fordert und sich an einer wirklichen und tiefgehenden Demokratisierung des Landes beteiligt.

Ende 1998 startete die EZLN eine neue Initiative: die Nationale Befragung für die Anerkennung der Rechte der indianischen Völker und für die Beendigung des Vernichtungskriegs. Ein Mann und eine Frau von den Zapatisten sollten jede Gemeinde des Landes besuchen und erklären, wer die Zapatisten sind, was sie fordern und was sie vorschlagen. In einer zweiten Phase wurde die Bevölkerung aufgefordert, vier Fragen zur Demokratie, zur Militarisierung und den Rechten der Indianer zu beantworten. Die Ergebnisse sollten dann ins Parlament getragen werden. Diese Mobilisierung sollte zu einer Übung in Sachen Demokratie werden, bei der jede Person, die älter als zwölf Jahre ist, ihre Meinung kundtun konnte. Es ging nicht darum, die Leute zu Zapatisten zu machen, sondern einfach zu fragen, was sie denken, und sie aufzufordern, an den Entscheidungen mitzuwirken, die ihre Zukunft betreffen.

Am Sonntag, dem 21. März 1999, wurde die Befragung durchgeführt. Laut der Zählung der Nichtregierungsorganisation Asociación Rosenblueth gaben drei Millionen Menschen ihre Stimme ab, und das war ein Erfolg, wenn man bedenkt, daß es die amorphe und wenig greifbare Zivilgesellschaft war, die die gesamte Befragung organisiert hatte. Man konnte den Eindruck gewinnen, daß die EZLN sich zurückzog und sich in der Frage der Indianer verschanzte, konkret gesagt, Druck ausübte, daß die Regierung die Vereinbarungen von San Andrés umsetzte. Doch die Befragung war mehr als das, sie ging weit über die ethnische oder regionale Frage hinaus; es war eine Übung in Demokratie, wie man sie nie zuvor gesehen hatte, und sie kam von ganz unten.

Die Fragen waren mehr als Fragen; es waren Anklagen und der Vorschlag einer Umwandlung des existierenden Sozialpaktes in einen anderen, in dem niemand mehr ausgeschlossen, in dem niemand mehr diskriminiert würde. Die Ergebnisse der Befragung sollten bekanntgegeben und im Parlament eingebracht werden, damit die Gesetzgeber die Meinung der Bevölkerung erfuhren, die sie scheinbar vergessen hatten.

Im Mai 1999 beriefen die Zapatisten eine Versammlung in La Realidad* ein, um die Ergebnisse der Befragung zu auszuwerten und die zukünftige Strategie festzulegen. Die Ehrengäste waren die regionalen Koordinatoren, das heißt die Nachbarn, die Bewohner der Stadtviertel, die sich organisiert hatten, um die zapatistische Delegation zu empfangen, um die Wahlkabinen aufzustellen und die erste Auszählung der Stimmen vorzunehmen.

Die fünfzehn Minuten von Fox

Vicente Fox Quezada, Präsidentschaftskandidat der Nationalen Aktionspartei (PAN), erklärte während seines Wahlkampfs, er würde den Konflikt von Chiapas in fünfzehn Minuten lösen, aber er sagte nicht, wie.

Der schnurrbärtige Kandidat mit Cowboystiefeln, mit denen er jeden Ball kaputt kriegte, schickte Marcos Dutzende von Briefen; wohlgemerkt, nicht an Subcomandante Marcos, nicht an die Zapatistische Nationale Befreiungsarmee, sondern an den Weißen oder mindestens Mestizen Marcos Mogli. In seinen Erklärungen rief er ihn auf, drängte ihn, forderte ihn auf, lud ihn ein, sich mit ihm zu treffen. Aus dem Urwald kam keine Antwort an den selbsternannten Propheten. Die Verleumder der Zapatisten prangerten in flammenden Artikeln und Kommentaren die Unnachgiebigkeit der Zapatisten an und deuteten die ausbleibende Antwort an Fox als unwiderleglichen Beweis ihres mangelnden Willens, zum Verhandlungstisch zurückzukehren.

Die Zapatisten hüllten sich in Schweigen, während sich das Land im Wirbel der Erklärungen und Wortwechsel des Wahlkampfs befand. Sie hatten ihre Bedingungen für die Rückkehr an den Verhandlungstisch schließlich bereits deutlich gemacht, so daß sie nichts weiter zu sagen hatten.

Fox veröffentlichte seine Formel für die Befriedung von Chiapas: „Fernsehen, VW-Käfer und Kleingewerbe", womit seine völlige Unkenntnis der Kultur und der Forderungen der Indianer und seine Leichtfertigkeit, die er der Rebellion im Süden entgegenbrachte, deutlich wurde.

Mit der PAN kam [am 1. Dezember 2000] die Rechte an die Macht. Präsident Fox stellte sein Kabinett vor, das aus Geschäftsleuten, Managern und Vertretern der großen Multis in Mexiko und aus dem einem oder anderen Karrierepolitiker bestand. Am Tag seiner Amtsübernahme erhielt Fox aus den Händen seiner Adoptivtochter ein Kruzifix und ordnete den Rückzug der militärischen Sperren auf den Straßen von Chiapas an. Die Nachricht ging um die Welt, als ob das die so lange ersehnte Entmilitarisierung wäre, aber dem war nicht so. Die Zapatisten begrüßten die Geste, wenn sie auch klar machten, daß sie nicht glaubten, daß sich dadurch alles ändern würde, und beriefen wenige Tage später eine Pressekonferenz ein, auf der sie ihre Bereitschaft zum Dialog wiederholten, aber auch ihre Forderung von Mindestgarantien für die Sicherheit. Die EZLN stellte drei Bedingungen:

1. Die Auflösung von sieben Militärlagern.[1]
2. Die Freilassung aller zapatistischen politischen Gefangenen.
3. Die Umsetzung der Vereinbarungen von San Andrés, das heißt, die verfassungsmäßige Anerkennung der Rechte und der Kultur der Indianer.

Außerdem kündigten sie durch ihren Sprecher Subcomandante Marcos an, daß sie nach Mexiko-Stadt kommen würden.

1 Von insgesamt 259 allein in Chiapas

Präsident Fox gab den Befehl, den Kleinpächtern der Ortschaft Amador Hernández das Land zurückzugeben, das ihnen die Armee gewaltsam weggenommen hatte, und das Militärlager aufzulösen, das in der Gemeinde so viel Schaden angerichtet hatte.

Er schickte auch die Vereinbarungen von San Andrés, in der Version der COCOPA, an das Parlament. Sofort wurde Fox von den Konservativen wie von einem Schwarm wütender Wespen umringt: die Partei des Präsidenten, die PAN, hatte selbst einen Gesetzesvorschlag über die indianische Kultur gemacht, der so formuliert war, daß er die Erwartungen der Indianer nicht zufriedenstellte. Eine andere Version des Gesetzesvorschlags war diejenige, die der frühere Präsident Ernesto Zedillo „korrigiert" hatte; es gab sogar einen Vorschlag der Grünen Ökologischen Partei und einen der PRI.

Fox aber schickte die Version der COCOPA, um den Zapatisten den Eindruck zu vermitteln, daß sie mit einer neuen Regierung verhandelten und nicht mit der PRI, nicht mit Salinas oder Zedillo, die den Prozeß hatten scheitern lassen, sondern mit einem Präsidenten, der „alles einhält". Mit den Vereinbarungen von San Andrés in der Version der COCOPA in der Händen der Legislative kann sich Fox seinerseits die Hände in Unschuld waschen, denn es liegt nun in der Verantwortung des Parlaments, sie zu prüfen, zu verabschieden oder sie abzulehnen. Wenn sich eine Mehrheit von PAN und PRI gegen die Vereinbarungen ergibt, kann der Präsident sagen: „Tut mir leid, ich habe getan, was ich konnte".

Obwohl der Befehl des Präsidenten, die Truppen zurückzuziehen, mit Pauken und Trompeten angekündigt wurde, blieben die Soldaten in ihren Stellungen und errichteten einige neue Sperren wie die am Weg nach La Realidad. Die „Mexikanische Karawane alles für alle" war im Dezember 2000 in Chiapas, um sich über die von ihr initiierten Gesundheits- und Bildungsprogramme und das Projekt einer Schusterwerkstatt zu informieren, um nur einiges zu nennen, was sie seit 1995 auf die Beine gestellt hat. Die Karawane nahm die Mühe auf sich, alle Militärlager in der Nähe der zapatistischen Aguascalientes[1] zu besuchen, in anderen Worten die militärischen Stellungen, deren Auflösung die EZLN gefordert hatte. Die Mitglieder der Karawane stießen auf Straßensperren, an denen ihre Identität überprüft und sie danach wie für ein *casting* fotografiert und gefilmt wurden. Die Karawane ließ sich jedoch nicht einschüchtern und verlangte nach dem ranghöchsten Offizier, um ihn zu fragen, warum sie immer noch dort waren. Die Antwort lautete überall: „Wir haben keinen Befehl, uns zurückzuziehen."

Der 22. Dezember 2000 war der dritte Jahrestag des Massakers von Acteal; die Zapatisten beschwerten sich bei Fox wegen seiner Gleichgültigkeit gegenüber den paramilitärischen Truppen.

Am ersten Tag des Jahres 2001 wachten wir, wie es schon Tradition ist, mit einer Überraschung von Seiten der Zapatisten auf. Die Gemeinden von Oventic und Umgebung statteten der Militärbasis von Jolnachoj einen Besuch ab. Die Mitglieder der zapatistischen Unterstützungsbasis, alles Zivilisten, überwanden Sperren und Stacheldraht, drangen in das Militärgelände ein und verlasen ein Kommuniqué, in dem sie den Rückzug der Armee aus Chiapas forderten. Sie riefen Parolen für die EZLN, lasen den Soldaten die Leviten und kehrten in ihre Gemeinden zurück. Eine Stunde nach dem Schreck erhielt die Truppe den Befehl, Jolnachoj zu verlassen und sich in die Basis von San Andrés Larráinzar zu verlegen. Das Verteidi-

1 Gemeint sind die fünf zapatistischen Zentren

gungsministerium und die Regierung wollten den Rückzug der Soldaten als prompte Umsetzung der Bedingungen für die Entspannung präsentieren, doch die Mitglieder der „Karawane alles für alle" zeigten im Fernsehen das Video über das, was wirklich geschehen war. Die Bilder zeigten fast zweitausend Menschen, Kinder, Frauen und Alte, Indianer, die ohne Waffen in das Lager eingedrungen waren, um den Militärs entgegenzutreten und ihnen zuzurufen, daß sie verschwinden sollten.

Es folgte eine Flut von Erklärungen. Fox kündigte an, daß er zwei weitere Lager auflösen würde. Der chilenische Botschafter in Mexiko erklärte sich bereit, den Augenzeugen zu spielen, und die Botschafter von Haiti und der Dominikanischen Republik schlossen sich dem Gefolge an, und bezeugten in Begleitung eines ganzen Schwarms von Journalisten die Durchführung des Befehls. In dem Moment, in dem diese Zeilen geschrieben werden, sind die Militärlager von Jolnachoj, Cuxuljá, Amador Hernández und Roberto Barrios aufgelöst.

Zwölf von einhundertfünfzig zapatistischen politischen Gefangenen wurden freigelassen. Die EZLN sagte: gut, aber es fehlen noch die anderen. Die Regierungssprecherin Martha Sahagún verkündete, es gäbe keinen weiteren Truppenrückzug mehr; Panik breitete sich aus. Fox dementierte am nächsten Tag die Erklärung seiner Pressesprecherin.

Der Präsident sandte in einem Interview des Fernsehsenders Canal 40 der EZLN eine Botschaft und legte ihr nahe, es gäbe keinen Grund, in die Hauptstadt zu kommen, und schon gar nicht mit *pasamontañas*. Er sagte, er habe alle Forderungen der Zapatisten erfüllt. „Ich weiß nicht, was man noch mehr verlangen kann." Ciro Gómez Leyva und Denise Maerker, die beiden Moderatoren von Canal 40, fragten ihn: „Und die Armee?"

Der Präsident antwortete: „Die ist geil."[1]

Subcomandante Marcos – der aus dem Kommuniqué bereits ein literarisches Genre gemacht hat – schickte seine Antwort: „Wir kommen mit *pasamontañas*, also sehen Sie sich vor, denn das wird echt geil werden!"

Der Rechten stehen die Haare zu Berge: die Ankunft von 23 zapatistischen Comandantes und einem Subcomandante im Herzen Mexikos, dann noch in Begleitung der gesamten Weltpresse und Tausender von Beobachtern und Sympathisanten kommt ihnen überhaupt nicht gelegen, im Gegenteil, es besteht die Gefahr, daß die Linke sich aus ihrem Sessel erhebt und sich organisiert. Obendrein kommen auch noch Vertreter aller indianischen Organisationen des Landes. Sie werden nach San Lázaro, d.h. zum mexikanischen Parlament kommen, um dort Lobbyarbeit für die Vereinbarungen von San Andrés zu machen.

Die COCOPA hatte Unstimmigkeiten mit Präsident Fox. Subcomandante Marcos bot sich als Vermittler an: „Wollten Sie nicht vor kurzem noch, daß sich die Zapatisten am politischen Leben beteiligen?"

Die zapatistischen Comandantes fuhren von verschiedenen Punkten in Chiapas aus los und trafen sich in San Cristóbal de Las Casas, wo die Karawane, die von einigen abschätzig „Zapatour" genannt wurde, startete und Oaxaca, Puebla, Veracruz, Tlaxcala, Hidalgo, Querétaro, Michoacán, den Bundesstaat Mexiko und Morelos durchquerte. Nach den Worten des Subcomandante hatten die Zapatisten kurz daran gedacht, in Cancún Halt zu machen, „damit wir die Blässe des Urwalds verlieren", und die von der Weltbank erblassen müßten, die genau zu die-

1 Präsident Fox zeichnete sich während seines Wahlkampfs durch eine sehr populistische und vulgäre Ausdrucksweise aus.

ser Zeit in Cancún ein Treffen abhalten wollen, ein kleines Davos, auf das sich bereits die Globalisierungsgegner vorbereiteten, die von Seattle bis Prag alle kommen wollten.

Die konservativsten und reaktionärsten Gruppen Mexikos forderten, daß die Zapatisten, sobald sie den Urwald verlassen, „wegen Verletzung der Eintracht und des Friedens" festgenommen und inhaftiert werden sollen. Celia Malda zum Beispiel, die Vorsitzende des Unternehmerverbands von Chiapas (Coparmex) machte die EZLN für die wirtschaftliche und politische Lähmung der Region verantwortlich und drohte damit, eine Front zu gründen, um die Zapatisten zu blockieren. Onésimo Zepeda, der Bischof von Ecatepec, fordert die Verhaftung von Marcos, „dem großen Verbrecher".

Die Militärs waren über Präsident Fox verärgert, denn sie wollten die Zapatisten militärisch vernichten, was sie mit ihren neuen Waffen auch tun könnten, während sie auf politischer Ebene wegen all der Menschenrechtsverletzungen sehr schlecht dastanden.

Manuel Veloz, ein Mitglied der COCOPA, warnte zum Beispiel: „Vicente Fox muß sich wegen der Hardliner in der Armee und in seiner Partei warm anziehen, die sich wieder einmal vorgenommen haben, Marcos zu verhaften. Der Friedensprozeß verträgt keinen weiteren Militärschlag wie am 9. Februar 1995."

Die Zapatisten kamen am 11. März 2001 in Mexiko-Stadt an, und das war echt geil.

Marta Duran de Huerta,
Mexiko-Stadt, 12. März 2001

Glossar

1. Januar 1994: Zeitgleich mit dem Inkrafttreten des Freihandelsabkommens NAFTA zwischen Kanada, USA und Mexiko besetzte die EZLN mehrere Städte in Chiapas, um ihre Forderungen unter der Losung „Demokratie, Freiheit und Gerechtigkeit" öffentlich vorzutragen und sich danach zurückzuziehen. In Ocosingo kam es dabei zu einem mehrtägigen Kampf mit Regierungstruppen, mit etlichen Toten, ehe die Einheiten der EZLN der Einkesselung entkommen konnten.

Acteal: Am 22. Dezember 1997 verübten paramilitärische Banden ein Massaker an indianischen Flüchtlingen in der Nähe des Dorfes Acteal in Chiapas. 45 Menschen wurden getötet, größtenteils Frauen und Kinder.

Aguascalientes: Ein politisch-kulturelles Zentrum, das aus einem Amphitheater, einer Bibliothek, einem Informationszentrum, einem Spielhaus und Unterkünften bestand, wo im August 1994 der Nationale Demokratische Konvent stattfand. Der Name ist eine Anspielung auf den Konvent von Aguascalientes von 1913, auf dem eine Übereinkunft zwischen den verschiedenen Strömungen der mexikanischen Revolution gesucht wurde. Der damalige Konvent scheiterte an Venustiano Carranza, der nichtsahnend wieder den Krieg auslöste.

Altamirano: Kleinerer Ort in der Nähe von San Cristóbal. Hier wurde im Februar 1994 ein Teil der Karawane *Ricardo Pozas* von Viehzüchtern und Großgrundbesitzern bei der Durchfahrt festgehalten, aller Hilfsgüter geraubt und mit Lynchjustiz bedroht.

Artikel 27 der mexikanischen Verfassung, eine der zentralen Errungenschaften der mexikanischen Revolution. Besagt, daß der Boden und die Bodenschätze der Nation gehören. Der Boden wird Familien oder Gemeinden zum Nießbrauch geliehen. Bis 1992 – als Salinas die Verfassung ändern ließ – konnte dieses ejido-Land nicht verkauft, verpachtet oder verpfändet werden. Außerdem wurde das bisherige Flächenlimit von 300 Hektar pro Person, das die Bildung von Latifundien verhindern sollte, auf 1500 Hektar je Person oder Unternehmensbeteiligtem angehoben. Jetzt stellt das Land Privatbesitz dar und ist hypothekenfähig, kann also auch von den Bauern verloren werden (an die Banken).

Manuel Camacho Solís: der „Friedensbeauftragte" der Regierung, führte die Gespräche mit der EZLN im Februar 1994, hatte aber keinerlei Entscheidungsbefugnis.

COCOPA: Comisión de Concordia y Pazificacion, Nationale Kommission für Eintracht und Friedensstiftung, parlamentarisches Vermittlungsgremium aus Regierungsmitgliedern aller Parteien

Comité Clandestino Revolucionario Indígena (CCRI): Geheimes Revolutionäres Indigenes Komitee, ist das oberste politische Entscheidungsgremium der EZLN; alle Ethnien, die zur Bewegung gehören, sind im CCRI vertreten

CONAI: Comisión Nacional de Intermediación, Nationale Vermittlungskommission; neutrale Vermittlungsinstanz beim Dialog, 1995 von Bischof Samuel Ruiz ins Leben gerufen und 1998 aufgelöst

Dialog von San Cristóbal: Erster Kontakt zwischen der Bundesregierung von Mexiko, dessen Friedensbeauftragter – aber ohne Entscheidungsbefugnis! – Manuel Camacho Solís war, und Mitgliedern des CCRI der EZLN im Februar 1994 in der Kathedrale von San Cristóbal de Las Casas, wo die EZLN ihre Forderungen vortrug

Diözese von San Cristóbal: siehe *Samuel Ruiz García*

Indio, Indianer und Indígena haben alle die gleiche Ethymologie, nämlich Indien. In Lateinamerika wird der Begriff Indígena zumeist von städtischen, progressiven Kreisen benutzt, um nicht mehr den Begriff Indio zu verwenden, der oft sehr abschätzig gebraucht wird. Jedoch werden von den Indios/Indígenas beide Worte gebraucht, wobei dem Wort Indio wieder Stolz gegeben wird.

La Realidad: ein tojolabalisches Dorf im lakandonischen Urwald, eines der fünf wichtigsten zapatistischen Zentren.

NAFTA: North American Free Trade Association (span. TLC, Tratado de Libre Comercio), Freihandelsabkommen zwischen Kanada, USA und (seit 1.1.94) Mexiko

Nationaler Demokratischer Konvent: Convención Nacional Democrática (CND), der im August 1994 bei Guadalupe Tepeyac im lakandonischen Urwald stattfand, in einem von den Zapatisten gebauten Amphitheater. Die EZLN rief alle oppositionellen Organisationen auf, eine gemeinsame Front gegen die PRI-Herrschaft und für eine vollständige Demokratisierung des Landes und für soziale Gerechtigkeit zu bilden. Es kamen mehr als 6000 Repräsentanten verschiedener Gruppierungen..

Ocosingo: kleineres Handelszentrum, besonders von – reaktionären – Viehzüchtern; ist einer der Zugänge zum lakandonischen Urwald.

Parteien in Mexiko: PRI = Partei der Institutionellen Revolution, Staats- und Regierungspartei seit 1929 bis Ende 2000; PAN = Partei der Nationalen Aktion, noch reaktionärer und kirchenfreundlicher als die PRI; ihr Präsidentschaftskandidat Vicente Fox hat am 2. Juli 2000 den PRI-Kandidaten besiegt und damit die 71jährige PRI-Alleinherrschaft beendet (Amtsantritt am 1.12.2000); PRD = Partei der Demokratischen Revolution, Sammelbecken verschiedener oppositioneller und mehr oder weniger fortschrittlicher Strömungen; PPS und PARM sind bedeutungslos.

Pasamontañas: Eine Art Bergsteigermütze, meist aus Wolle, die auch das ganze Gesicht bedeckt, mit einem Schlitz für die Augen und eventuell auch für den Mund

Präsidialsystem: Sitten und Gebräuche der mexikanischen Macht, die dem Präsidenten der Republik de facto absolute Autorität zugestehen, wobei sein Wort zum Gesetz wird. Es gibt keine Trennung zwischen Legislative, Exekutive und Judikative. Der Präsident ernennt den zukünftigen Präsidenten sowie alle Männer, die die Schlüsselpositionen einnehmen.

Samuel Ruiz García: ca. 35 Jahre lang Bischof der Diözese von San Cristóbal de Las Casas (bis 1999, als er in Rente ging), Vertreter der Befreiungstheologie, gründete Bauernkooperativen, organisierte Bildungsprojekte (auch in indianischen Sprachen), gründete das Menschenrechtszentrum „Fray Bartolomé de Las Casas“ in San Cristóbal, der einzige Ort, wo Indianer konkrete Hilfe gegen Diskriminierung und Gewalt erhalten haben.

Carlos Salinas de Gortari: bis 30.11.1994 Präsident von Mexiko, 1988

durch Wahlbetrug der PRI an die Macht gekommen, Repräsentant einer scharfen neoliberalen Politik; Privatisierung fast aller wichtigen Staatsbetriebe, aber stets unter dem realen Wert; lebt seit Ende 1994 im Exil (meistens in Irland)

San Cristóbal: vollständiger Name: San Cristóbal de Las Casas, bis 1892 Hauptstadt von Chiapas

Der Verhüllte: tapado, der vom mexikanischen Präsidenten ernannte künftige Präsident, der aber der Öffentlichkeit namentlich noch nicht bekannt ist

Weiße Garden: Mörderbanden, die von Eigentümern von Fincas, Ländereien oder Viehzuchtbetrieben gedungen werden, um sich gegen Landbesetzungen, Aufstände von Indianern und Bauern und gegen jeden Oppositionellen zu „schützen“

Ya basta! Es reicht! Schluß damit! Ist zum Schlachtruf der Zapatisten und seiner Unterstützer gegen die PRI-Herrschaft, gegen das System der Ausbeutung, Ungerechtigkeit und Diskriminierung geworden.